KB122002

한홍구의
청소년 역사 특강

한홍구의
청소년 역사 특강

제1판 제1쇄 발행일 2016년 11월 17일
제1판 제9쇄 발행일 2022년 11월 13일

글 _ 한홍구
기획 _ 책도둑(박정훈, 박정식, 김민호)
디자인 _ 채홍디자인
펴낸이 _ 김은지
펴낸곳 _ 철수와영희
등록번호 _ 제319 - 2005 - 42호
주소 _ 서울시 마포구 월드컵로 65, 302호(망원동, 양경회관)
전화 _ (02)332 - 0815
팩스 _ (02)6003-1958
전자우편 _ chulsu815@hanmail.net

ISBN 978 - 89 - 93463 - 94 -1 43910

철수와영희 출판사는 '어린이' 철수와 영희, '어른' 철수와 영희에게
도움 되는 책을 펴내기 위해 노력합니다.

한홍구의 청소년 역사 특강

교과서에 나오지 않는 근현대사 이야기

글 한홍구

파란만장한 한국 근현대사

반갑습니다. 한홍구입니다.

여러분께 역사란 무엇인지, 왜 역사를 알아야 하는지에 대해 말씀드리고자 합니다.

역사란 무엇일까요? 여러 가지 답이 있겠지만, 우선 역사는 '과거의 일'이라고 할 수 있습니다. 그런데 할아버지가 들려주는 '옛날이야기'와는 차이가 있어요. 옛날이야기는 일단 재미있습니다. 그래서 다들 좋아합니다. 하지만 역사는 학년이 올라갈수록 싫어하게 됩니다. 왜 그럴까요? 옛날이야기는 시험을 보지 않아요. 할아버지가 옛날이야기를 해 준 다음에 주제가 뭔지 써 보라고 하지 않습니다.

옛날이야기와 역사는 '주인공'도 다릅니다. 역사에는 특별한 사람만 기록되지요. 조선 시대는 왕이 27명이 있었지만 그중 역사에 기록된

왕은 절반이 안 돼요. 사정이 이러니 장군이나 예술가도 웬만큼 유명하지 않고서는 명함도 못 내미는 곳이 바로 '역사'입니다.

옛날이야기의 주인공은 평범합니다. 나무꾼도 나오고 농사꾼도 나오고 우리 동네 '철수'도 나오고 '영희'도 나옵니다. 그래서 옛날이야기는 편하고 재미있습니다. 지금 배우는 역사는 너무 거룩해요. 딱딱하고, 나의 삶과는 거리가 멀다는 느낌이지요. 그래서 한 권의 역사책을 쓸 때 무엇을 중심에 둘 것인지가 중요해요. 역사가 재미있으려면 옛날이야기처럼 우리의 삶을 오롯이 담아야 합니다.

우리는 그동안 역사를 제대로 배울 기회가 없었습니다. 학교에서 제대로 역사를 가르치지 못했기 때문이에요. 게다가 '재미없는 역사'만 강요했습니다.

명량해전이 먼저냐 노량해전이 먼저냐, 원균과 이순신 중 누가 벼슬이 높았는가, 지금 학교에서 배우는 역사는 우리에게 그런 것들을 묻습니다. 좋은 점수를 받으려면 밤을 새워 가며 외워야 하죠. 어렵습니다. 역사를 공부한 저도 조선 시대가 전공이 아니다 보니까 가끔 헷갈려요. 이런 역사 교육은 옳지 않습니다. 사실 자체를 외우는 것은 중요하지 않아요. 우리의 삶과 연결지어 생각할 수 있도록 가르쳐야 합니다. 예컨대 『난중일기』를 읽고 토론해 보는 것은 어떨까요? 저는 이순신 장군이 모함을 당해 백의종군할 때 어떤 마음이었는지, 원균이 이끌던 조선 수군이 대패했을 때 "아직 배가 열두 척이나 있고 제가 죽지 않았습니다"라고 임금님께 말씀을 올릴 때, 어떤 마음이었는지 깨닫는 것이 더 소중하다고 생각합니다.

임시정부가 이동해 간 도시의 순서, 시험에 나오죠? 이런 걸 머릿속에 담아 두는 것이 무슨 의미가 있을까요. 중요한 것은 임시정부가 우왕좌왕 갈팡질팡하면서도 내려놓지 않았던 독립 국가의 이상이 아닐까요? 역사를 이루는 것은 잡다한 지식과 정보가 아닙니다. 그것이 역사를 이해하는 데 도움이 된다고 주장할 수도 있겠지만, 저는 시대와 공감하는 능력이 우선이라고 생각합니다. 그렇다면 우리는 어떤 역사를 배워야 할까요?

요즘은 조금 달라졌지만, 최근까지도 우리는 근현대사를 제대로 배우지 못했습니다. 대부분 역사책은 해방 이전까지만 다뤘습니다. 선생님들이 일제 강점기도 잘 안 가르쳤어요. 그런 건 시험에 안 나온다면서 대충 넘어갔습니다. 정치적으로 아주 민감한 시기이기 때문이에요. 학계에서도 근현대사 얘기만 나오면 시끌벅적하게 논쟁이 벌어집니다. 그러니 웬만하면 그냥 넘어가는 게 가르치는 입장에서도 좋았던 거예요.

『역사란 무엇인가』란 책이 있습니다. 1961년도에 초판이 나왔는데 몇 년 전에 다시 베스트셀러가 됐어요. 노무현 전 대통령을 모델로 한 영화 〈변호인〉(2013년) 때문입니다. 영화를 보면, 재판에서 검사가 『역사란 무엇인가』를 읽었다고 피고인들을 빨갱이로 몰아갑니다. 지은이인 에드워드 카가 소련 사람이라는 거예요. 빨갱이가 쓴 책을 읽었으니 피고인들도 빨갱이라는 거지요. 지금 생각하면 어이없는 일이지만 당시는 상식이 통하지 않는 군사 독재 시절이었습니다. 주인공인 변호사가 고민 끝에 영국 대사관에다 직접 사실을 확인합니다. 그런데 알아보니 지은이가 소련 사람이 아니라 소련 주재 영국 대사예요. 한국 전쟁에 참전했던 우방국의 대사였던 겁니다. 이 사실을 알게 된 변호사가 재판부에 강력하게 항의하지요. 어린 학생들을 빨갱이 만들려고 우방국의 대사까지 공산주의자로 만드느냐고. 『역사란 무엇인가』는 유명한 고전입니다. 대학에 진학하는 분들은 1학년 때부터 만나게 될 책이에요. 그런 책을 읽어 보지도 않고 냉전 논리로 재단했던 겁니다.

에드워드 카는 이 책에서 "역사는 과거와 현재와의 대화"라는 유명한 말을 남겼지요. 그는 역사의 진보를 믿었습니다. 그의 믿음처럼 역사는 과연 진보하는 것일까요? 카는 러시아 혁명사를 전공한 역사학자였습니다. 그는 민중들이 역사의 주인이 되어 새로운 역사를 만드는 것을 역사의 진보로 보았습니다. 그가 이 책을 쓰기 얼마 전에는 혁명 이전 유럽의 후진국이었던 러시아(소련)가 자본주의 선진국 미국보다 먼저 우주선을 쏘아 올리기도 했습니다.

『역사란 무엇인가』가 출판된 1961년 이후로 많은 일들이 있었습니다. 젊은이들은 비틀스에 열광했고 베트남 전쟁은 전 세계를 반전 열기에 휩싸이게 했습니다. 인권과 민주주의에 대한 인식이 크게 신장되었고, 소련과 미국을 중심으로 한 체제 경쟁이 극심해지면서 자본주의 국가들도 사회복지를 강화하지 않을 수 없었습니다. 그러다 1989년 동베를린 장벽이 무너지고 이어 소련이 무너지고 미국 중심의 세계가 됩니다. 미국 중심의 일극 체계는 얼마 지나지 않아 중국이 급성장하면서 오늘날 미국과 중국이라는 두 초강대국을 중심으로 재편되지요. 20세기에 과학 기술은 눈부시게 발달합니다. 컴퓨터가 나오고 인터넷, 스마트폰이 보급되면서 인간의 지식 체계와 정보의 흐름이 근본적으로 바뀌었습니다.

한국도 파란만장한 역사를 겪었습니다. 해방 후 일제의 압박을 벗어나 무언가 새로운 나라를 세워 보고자 열심히 뛰었던 사람들이 한국전쟁 때 다 죽습니다. 엄청나게 죽었습니다. 그렇게 전쟁이 끝나고 만 7년이 되지 않아 어린 학생들이 4·19 혁명을 일으켰습니다. 2차 대전 이후 수많은 나라들이 독립했는데, 그중 시민혁명이 제일 먼저 일어난 곳이 한국입니다. 분단과 전쟁과 학살을 거친 한국에서 이 책의 독자들과 비슷한 나이의 중고생들이 세상을 뒤집어 버리고 독재자 이승만을 내쫓았습니다. 그걸 다시 짓밟은 것이 박정희의 5·16 군사 반란입니다. 박정희가 민주주의의 싹을 짓밟았지만, 10년쯤 지나자 다시 민중들의 저항이 거세졌습니다. 그러자 박정희가 또 탱크를 몰고 나옵니다. 바로 1972년의 유신입니다. 그렇게 다시 한 번 민주주의의 싹을 짓밟지만 7년 만에 학생들과 시민들이 들고 일어났고, 이번에는 탱크 몰고 나올 겨를도 없이 끝납니다. 무소불위의 권력을 휘두르던 독재자는 측근의 손에 죽음을 맞죠. 1979년 10월의 일입니다. 이듬해 봄 민주주의를 향한 청년 학생, 시민들의 지향과 기득권을 유지하려는 유신 잔당이 광주에서 크게 충돌합니다. 민주주의를 외치는 시민을 향해 군인들이 총칼을 휘두르지요. 수없이 많은 사람이 죽습니다. 뻔히 질 줄 알면서 끝까지 도청을 지켰던 처절하지만 장엄한 패배였던 1980년 봄 광주는 그렇게 끝나지만, 이후 민주화 운동의 원동력이 됩니다. 시민의 목숨을 빼앗고 정권을 잡은 전두환 등 신군부는 민주주의를 탄압하기 시작합니다. 김대중 내란 음모 사건을 조작하지요. 그러나 민주주의라는 거대한 흐름을 돌리기에는 역부족이었어요. 이때 사형 판결까지 받았던 김대중은 17년 후 대통령이 됩니다.

한국은 한마디로 말씀드리자면 압축적인 근대화를 경험했다고 할 수 있습니다. 그동안 한국이 얼마나 발전했느냐 하면, 무역 규모만 보면 세계 10위권 안에 들어요. 100년 전의 한국은 식민지였습니다. 세계사적으로 이런 나라가 없어요. 잘사는 나라 1등부터 10등까지를 보면 한국 빼고는 그전부터 그 자리에 있던 나라들이에요. 식민지에서 출발해 세계적인 무역 대국이 된 나라가 바로 한국입니다. 산업화와 민주화를 동시에 달성한 유일한 나라죠. 짧은 기간에 참으로 많은 일이 있었습니다. 서양에서 300~400년 동안 이루어진 변화가 단시간에 있었던 거예요. 그야말로 '급변하는 사회'였던 겁니다. 여러분이 역사 시간에 외워야 할 게 많은 이유예요.

우리 근현대사는 사건이 많습니다. 얼마나 많으면 이름에 날짜를 붙일까요. 3·1, 4·19, 5·16, 5·18, 6·25, 8·15…. 사건의 성격으로 규정하는 게 아니고 날짜로 부르게 됐습니다. 그러다 보니까 이게 무슨 의미인지 잘 몰라요. 그래서 흐름을 알아야 합니다. 우리 역사가 복잡한 거 같지만, 큰 흐름은 간단합니다. 독립운동 하던 사람들이 통일 운동하고 민주화 운동 한 거고요. 친일파로 나라 팔아먹은 사람들이, 나중에 그 후예들이 군사 독재를 한 겁니다. 그사이에 왔다 갔다 한 사람들이 더러 있어요. 하지만 큰 흐름 자체는 변함이 없습니다. 이런 흐름을 알면 역사적 사건에 대한 이해가 쉽습니다.

이 책을 준비하게 된 이유는 청소년들이 역사를 자신들의 관점에서 볼 수 있기를 바라는 마음에서였습니다. 박근혜 정권은 역사 교과서를 국정화하겠다고 합니다. 어쩌면 청소년 여러분들은 당분간 국정 교과서로 역사를 배워야 할지도 모르겠습니다. 한동안 인기를 끌었던 드라마 〈송곳〉(2015년)에 "서는 데가 바뀌면 풍경도 달라지는 거야"라는 명대사가 나옵니다. 국정 교과서 논쟁도 결국 누구의 관점으로 역사를 바라보느냐의 문제일 것입니다. 세상에는 역사는 진보하는 것이라는 믿음을 갖고, 나와 내 아이들이 살아갈 세상을 바꾸기 위해 노력하는 사람들이 있습니다. 하지만 또 이 세상에는 기득권을 유지하기 위해 세상은 절대로 바뀌지 않는다는 믿음을 갖고, 사람들에게 세상을 바꾸려는 쓸데없는 짓을 하지 말라고 윽박지르는 자들도 많이 있습니다. 이 세상이 우리가 원하는 것보다 더디 바뀌는 이유는 많은 사람들이 자기의 관점을 잃어버리고 남의 눈으로 세상을 보고 있기 때문입니다. 국정 교과서, 조중동, 종편 등등 우리의 눈 대신 자신들의 눈을 강요하는 세력은 도처에 널려 있습니다.

우리 청소년들이 이 책을 통해 자신의 눈으로 세상과 역사를 바라보는 힘을 키우고, 또 역사에 대한 흥미를 가졌으면 합니다. 청소년을 위한 한국 근현대사 책이 없는 것이 아닙니다만, 따로 이 책을 준비한 이유는 목차를 보시면 바로 아실 수 있을 것입니다. 시대순으로 사건의 흐름을 서술하는 보통의 경우와 달리 이 책은 학교, 입시, 두발, 나이, 군대, 강남, 노동 등 청소년들이 현실에서 마주해야 할 문제들의 역사적인 형성 과정을 설명하고자 했습니다. 역사라는 것이 따로 있고 청소년들이 역사의 문을 열고 들어와 역사와 대면하는 것이 아닙니다. 청소년들이 자신들이 늘 겪고 있거나 곧 겪게 될 문제들 속에도 역사는 항상 있어 왔습니다. 하늘 아래 뚝 떨어진 문제는 없습니다. 모든 문제가 다 역사적으로 형성된 것입니다. 문제의 형성 과정을 알아야, 실타래가 어떻게 꼬였는지를 알아야 매듭도 잘 풀 수 있습니다.

기성세대의 한 사람으로서 청소년들에게 미안한 마음을 금할 수 없습니다. 어쩌면 역사 속의 모든 기성세대가 젊은이들에게 무거운 짐을 지워 왔는지도 모릅니다. 여러분들은 사회에 나가면 '헬조선', '흙수저'로 고통받게 될 것입니다. '헬조선', '흙수저'가 만들어지는 데 지금 청소년들은 아무 책임이 없습니다. 과거에도 그랬습니다. 기성세대가 나라를 빼앗겼지만, 빼앗긴 나라를 되찾기 위해 몸과 마음과 때로는 목숨까지 바친 사람들도 거의 대부분 젊은이들이었습니다. 한국의 10대들은 더더욱 불행합니다. 입시가 이렇게 젊은이들의 숨통을 옥죄는 나라는 없습니다. 단군 이래 가장 똑똑하고 잘난 젊은이들이 단군 이래 가장 심각하게 질식당하는 세상에 우리는 살고 있습니다. 언제 어느 시대도 누가 젊은이들이 마음 놓고 하고 싶은 것 하며 살 수 있는 그런 세상을 만들어 주지 않았습니다. 젊은이들 스스로 만들어 갈 수밖에 없습니다.

2016년 가을

한홍구

차례

첫 번째 강의

역사란 무엇인가?

역사와 교감하는 법

고전 영화 중에 〈라쇼몽〉이라는 작품이 있습니다. 일본의 영화감독인 구로사와 아키라의 1950년 작품이에요. 세계 100대 영화, 혹은 10대 영화를 꼽을 때 빠지지 않는 명작입니다. 줄거리는 간단해요. 부부가 길을 가다가 도적을 만나서 남편은 죽고 부인은 겁탈당하는데, 이 장면을 나무꾼이 지켜봅니다. 영화는 네 사람의 시선을 통해 사건을 재구성해서 보여 줍니다. 한 번은 부인의 입장에서, 또 한 번은 무당이 불러온 영혼의 입을 통해 죽은 남편의 입장에서, 그리고 도적과 나무꾼의 입장에서 똑같은 이야기를 관점을 달리하여 보여 줍니다. 재미있는 것은 네 명의 화자가 같은 사건을 전혀 다르게 해석한다는 거예요.

여러분도 그런 경험이 있을 거예요. 예컨대, 친구랑 싸우다 걸려서 교무실로 끌려가요. 선생님이 사이좋게 지내야지 왜 싸우느냐며 이유를 묻습니다. 그러면 한쪽에서 어쩌고저쩌고하면서 억울하다고 해요. 그러면 다른 쪽에서는 아니라고, 자기야말로 피해자라고 합니다. 같은 사건을 두고 서로 다른 이야기가 오고 가게 돼요. 그러다 결국 같이 벌을 받거나 (웃음) 그럴듯하게 자기를 변호한 사람이 이기게 됩니다.

사회 전체적으로도 마찬가지입니다. 어느 사회나 다툼은 끊이질 않아요. 이해관계가 얽혀 있기 때문입니다. 조금이라도 자기 입장에 유리하게끔 이야기를 둘러댑니다. 사회적 강자일수록 더 그래요. 그들은 말할 기회도 많습니다. 자연스레 사회적 강자의 논리가 만연하게 됩니다. 반면 약자의 이야기를 잘 들어주지 않아요. 언론이 제 기능을 못하기 때문입니다. 지금 우리나라에서 가장 많은 사람들이 보는 신문이 조선일보지요. 뒤이어 중앙일보, 동아일보가 있는데 이들 신문이 차지하는 비중이 전체 신문 시장의 70퍼센트에 가깝습니다. 그만큼 엄청난 영향력을 가지고 있는데, 문제는 이들 신문이 굉장히 편파적이라는 거예요. 사회적 강자, 기득권 편을 듭니다. 사건을 자기 입맛에 맞게 편집해서 국민의 판단을 흐리게 하죠. 사실 자체를 교묘하게 포장해서 진실을 왜곡하기도 합니다. 그러니 힘없는 사람들이 당할 수밖에 없는 거예요. 세상에 벌어지는 일을 자기의 관점을 갖고 해석하는 게 가장 중요합니다. 그리고 자기 입장에서 느껴야 하는 거죠. 이것이 우리가 역사를 공부해야 하는 이유입니다. 우리가 조선일보의 눈으로 세상을 볼 이유가 없잖아요.

역사는 누구의 관점에서 보느냐가 대단히 중요합니다. 우리는 이토 히로부미를 암살한 안중근을 '의사'(義士)라고 부릅니다. 당연한 일이죠. 침략의 원흉을 처단했으니까요. 그런데 일본에서는 뭐라고 하죠? '테러리스트'라고 합니다. 안중근이 자신들의 영웅을 죽였기 때문입니다. '의사'와 '테러리스트'를 가르는 것은 행위 그 자체가 아니라 '입장'입니다. 안중근이 행한 행동 자체는 저격일 뿐입니다. 이걸 두고 테러리스트와 의사라는 극단적인 두 개의 역사적 평가가 나오는 거예요. 그런데 여기서 또 하나 살펴봐야 할 것이 있습니다. 우리가 안중근을 존경한 나머지 너무 현실에서 동떨어진 사람으로 보는 건 아니냐 하는 것입니다.

우리는 안중근을 정말로 잘 알고 있을까요? 저는 그렇다고 생각하지 않아요. 안중근은 '의사'라는 한 단어로 정의되기에는 매우 복잡한 지식인이었습니다. 당대의 시대적 고민을 끌어안았던 인물이었지요. 그럼에도 역사 교육에서 또는 위인전에는 이러한 것들이 잘 안 드러납니다. 안중근을 너무 거룩하게 만들어 놨어요. 그러다 보니까 나와 비슷한 사람이라기보다는 원래부터 그렇게 태어난 신적인 존재처럼 느껴지기까지 합니다. 안타깝게도 여기에는 반민족주의자들의 의도가 숨어 있습니다. 해방 이후 권력을 잡은 친일파로서는 안중근 같은 항일 투사를 일반인과 격리할 필요가 있었던 거예요.

젊은 사람들이 안중근을 따라 하면 어떻게 돼요? 친일파들이 밤길을 못 다니잖아요. "민족의 원수 친일파는 보는 대로 처단하라." 안중근과 그 동지들이 말했잖아요. 이를 따르는 사람들이 많아지면 친일파들이 마음 놓고 살 수가 없죠. 어떻게든 국민하고 떼어 놓아야 합니다. 그렇다고 안중근같이 중요한 인물을 역사에서 지워 버릴 수도 없는 노릇이니, 그쪽 입장에서는 참 답답한 노릇입니다. 그래서 궁리해 낸 게 바로 '신격화'입니다. 안중근을 보통 사람은 범접할 수 없는 사람으로 만들었어요.

저는 안중근이 오늘날 한국에서 10대를 보내고 있다면 여러분과 다르지 않을 거라고 생각해요. 우리가 아는 위인들이 그렇습니다. 특별한 면도 있지만, 그들도 우리와 똑같은 사람이었던 거예요.

안중근이 다시 태어나 여러분처럼 학교에 다니면 어떤 학생일지 한번 생각해 봅시다. 공부도 잘하고 운동도 잘하는 모범생이었을까요? 제가 보기엔 그랬을 것 같지 않아요. 아마 '일진'이나 '짱' 먹지 않았을까요? 학교도 잘 안 가고, 뒤에서 침 좀 뱉고 껌 좀 씹으면서 지나가는 학생 '삥'도 좀 뜯고…. (웃음) 농담입니다만, 어쨌든 안중근이 애국지사가 될 수 있었던 것은 시대적 상황 때문입니다. 일제 식민지라는 계기가 그를 역사적 인물로 만든 거예요. 물론 나라의 위기 앞에 자기를 변화시킬 용기가 없었다면 지금과 같은 존경을 얻을 수 없었을 테지만 말입니다.

저는 안중근이 여러분과 크게 다른 사람이 아니었다는 말씀을 드리고 싶어요. 위인전에 나오는 것처럼, 태어날 때 오색구름이 끼고 산짐

승 들짐승이 와서 노래를 불러 주고 공부도 잘해서 『동양평화론』* 같은 사상서를 쓸 정도는 되어야 애국지사가 될 자격이 있는 것처럼 생각하는데, 저는 그렇지 않다고 봅니다. 나쁜 놈들 응징하는 데 공부 잘할 필요 없어요. 누가 나쁜 놈인지를 알아볼 수 있는 최소한의 상식과 그것을 실천에 옮길 수 있는 용기면 충분합니다. 만약 우리 시대에 안중근처럼 살겠다는 사람이 1000명, 아니 100명만 떨쳐 일어나도 나쁜 짓 했던 놈들은 바짝 겁을 먹을 겁니다. 그런데 현실은 그렇지 못합니다. 지금 우리에게 안중근은 너무 멀리 있어요. 안중근을 잘못 가르치고 잘못 배우고 있기 때문이에요. 우리에게 필요한 것은 '영웅 안중근'이 아니라 '인간 안중근'입니다.

▶ 사형 집행 직전의 안중근 의사.

----

* 의거 후 안중근 의사가 뤼순 감옥에서 집필한 책. 이를 통해 한국, 중국, 일본, 3국의 평화 체제 구축을 방안을 제시하고자 했으나 일제의 사형 집행으로 작업은 미완성으로 남는다.

안중근이 죽기 직전에 어머니로부터 한 통의 편지를 받습니다. 예전에 TV 프로그램 〈무한도전〉에도 나왔는데요, 어머니가 이렇게 말합니다. "늙은 어미보다 먼저 죽는 것을 불효라 생각한다면 이 어미는 웃음거리가 될 것이다. 너의 죽음은 너 한 사람의 것이 아닌 조선인 전체의 공분을 짊어지고 있는 것이다. 네가 항소를 한다면 그것은 일제에 목숨을 구걸하는 것이다. 네가 나라를 위해 이에 이른즉 딴마음 먹지 말고 죽으라. 옳은 일을 하고 받은 형이니 비겁하게 삶을 구하지 말고 대의에 죽는 것이 어미에 대한 효도이다. 아마도 이 편지가 이 어미가 너에게 쓰는 마지막 편지가 될 것이다." 이게 아들에게 수의를 지어 보내며 쓴 편지예요. 진짜 대단한 어머니지요. 얼마나 담대한 글입니까? 저는 이런 글들이 교과서에 실려야 한다고 생각해요.

그런데 돌이켜 보면 국어 교과서에 친일파가 쓴 글들은 많이 실렸어도 독립운동가가 쓴 편지 한 통을 본 기억이 없어요. 여러분 혹시 미술 시간에 독립운동가가 그린 그림을 본 적이 있나요? 음악 시간에 「독립군가」 배워 보신 적 있어요? 아마도 없을 겁니다. 그런데 역사 교과서를 국정으로 만들며 하는 이야기가 독립운동사가 너무 많아서 비중을 줄여야 한다는 거예요. 말이 됩니까? 오히려 지금도 부족해요. 안중근 의사 어머니 편지 같은 것을 학생들이 배워야지요. 살아 있는 역사 교육이 필요해요. 독립운동을 했던 과거의 인물들이 우리와 다른 사람이 아닌, 조국 독립을 꿈꾸며 노래했던 평범한 사람이었다는 걸 알아야 합니다. 그래야 그들의 의지가 후대에 전해질 수 있고 역사와 교감할 수 있어요.

동아시아의 역사 전쟁

시야를 좀 넓혀서 이야기를 계속해 볼까요? 동아시아는 지금 '역사
전쟁' 중입니다. 한국과 중국을 비롯한 주변 국가들이 끊임없이 전쟁
을 합리화하고 역사를 왜곡하는 일본을 상대로 싸우고 있어요. 한편으
론 동북공정(東北工程)* 때문에 중국과 남북한의 사이도 좋지 않고요.

국제전만 벌어지는 게 아니에요. 나라별로도 각각 역사의 내전을 치
르고 있습니다. 한국은 민주주의 세력과 뉴라이트(new right)**나 보수
세력이 싸우고 있고 일본은 양심 세력과 극우가 싸우고 있고 중국은
한족 대 소수 민족이 싸우고 있어요.

일본의 경우를 먼저 볼까요. 일본 우익 단체인 새역모(새로운 역사 교
과서를 만드는 모임)에서 2000년 『새로운 역사 교과서』(후소사 扶桑社)라
는 책을 발간했습니다. 이걸 일본 정부에서 학생들 교과서로 채택하겠

----

*　중국 정부가 2002년부터 추진하고 있는 연구 사업. 자국 영토 안의 모든 역사를
'중국 역사화' 하는 것이 그 목적이다. 그 과정에서 발해와 고구려의 역사를 중국으로
편입시키는 등 무리한 정책으로 남북한과 마찰을 빚고 있다.

**　한국의 신우익을 뜻하는 신조어. 2000년대에 등장해 식민지 근대화론, 신자유주의
지지 등을 주장하면서 우익의 정당성을 조직적이고 학문적으로 뒷받침하는 역할을
하고 있다.

다고 해서 국제적으로 문제가 됐지요. 그전에 펴낸『국민의 역사』라는 책이 20만 부가 넘게 팔렸어요. 그래서 걱정들을 많이 했는데, 다행히도 후소사의『새로운 역사 교과서』의 첫해 채택률이 0.039퍼센트에 그쳤습니다. 일본의 시민 단체와 양심 세력들이 애쓴 결과예요. 일본 우익들이 이 교과서를 들고 나올 때 한 얘기가 일본 역사에 자부심을 갖자는 것이었어요. 미국이 점령하면서 일본의 역사를 망쳐 놓고 자존심을 짓밟았다는 겁니다. 그걸 극복하자는 명분이었습니다. 일본인들 입장에서는 그럴듯하게 들리죠. 그런데 정작 들여다보니까 침략 전쟁을 미화하고 찬양하는 내용으로 가득한 거예요. 일본인들조차도 아이들에게 이런 식으로 가르쳐서는 안 된다고 생각한 거예요. 그랬다가 지금은 일본 정부가 애를 쓰고 우익이 자꾸 준동하니까 채택률이 늘어나고 있어요. 우리가 방심해서는 안 됩니다.

지금 일본의 우익 세력은 과거를 반성의 대상이 아닌 또 다른 침략의 발판으로 보고 있어요. 2013년에는 아베 총리가 야스쿠니 신사를 참배했습니다. 나라를 위해 목숨을 바친 이들을 위해 기도하는 건 당연하다면서 말이죠. 문제는 그곳이 A급 전범들이 묻힌 곳이라는 거예요. 일본 극우파 입장에서 볼 때나 애국자이지 중국이나 우리나라처럼 피해국의 입장에서는 천인공노할 범죄자들 아닙니까? 그러니 야스쿠니가 언급될 때마다 동아시아의 긴장이 고조되는 건 당연하죠. 동북아에서 과거사 문제는 여전히 불씨로 남아 있습니다.

야스쿠니 신사는 우리나라 국립묘지하고는 성격이 달라요. 그곳은

유해를 모신 묘지가 아니라 위패만 모신 곳인데, 기본적으로 전쟁을 미화하고 찬양하는 시설입니다. 만일 내 형제나 가족이 전쟁터에 나가서 죽었어요. 그러면 어떤 느낌이 들까요? 이루 말할 수 없는 상실감과 비통함이겠죠. 야스쿠니 신사는 그런 감정을 어루만지면서 전쟁에서 죽은 사실을 영광으로 받아들이게 합니다. 아들을 잃고 이런 전쟁을 다시는 해서는 안 된다고 슬퍼해도 모자랄 판에 큰아들이 죽었으면 둘째 아들, 셋째 아들까지 영광스런 전장으로 보내게끔 선동하는 거예요. 이를 두고 다카하시 데쓰야라는 일본의 철학자는 야스쿠니 신사가 '감정의 연금술'을 펼친다고 표현했습니다.

우리나라에선 이명박 정권 때 교과서 문제가 불거졌지요. 당시 사회적인 상황이 어땠느냐면, 정권 초기부터 미국산 소고기 수입을 둘러싼 문제로 연일 대규모 촛불 시위가 벌어졌습니다. 정권이 큰 타격을 입었지요. 그런데 이때 제일 먼저 시위에 나선 게 여학생들이었어요. 미국산 소고기 먹기 싫다, 협상을 왜 그따위로 하느냐며 거리로 뛰쳐나왔습니다. 그랬더니 이명박 정권은 반성은커녕 보수 진영과 합세해서 공세를 펼쳤습니다. "머리에 피도 안 마른 것들이 뭘 알겠나. 틀림없이 배후가 있다." 이런 식이었습니다. 아이들이 "우리는 누구의 사주도 받지 않았다. 자발적으로 나왔다"고 항의했죠. 그러자 할 말이 없어진 보수 진영은 또다시 '빨갱이' 타령을 합니다. "전교조 빨갱이 선생들이 아이들을 죄다 버려 놨다." 그러면서 두 가지 대책을 세웁니다. 하나는 전교조 탄압이고 두 번째가 뉴라이트 교과서 도입이에요.

이명박 정권 때 전교조 선생님들이 많이 파면을 당합니다. 탄압은 박근혜 정부까지 고스란히 이어져서 결국 전교조에 '노조 아님' 통보까지 해 버리죠. 그러는 한편 당시 가장 채택률이 높던 금성사 교과서를 좌파적이네 어쩌네 하면서 비난하기 시작합니다. 교과서 문제를 갖고 내내 시끄럽더니 결국 뉴라이트들이 직접 교과서를 만들어요.

일본의 '새역모'가 그랬던 것처럼 교과서 포럼을 만들어 새 교과서를 집필하지요. 그 결과물이 바로 2013년 검정을 통과한 교학사 역사 교과서입니다. 재미있는 것은 이 교과서가 일본 우파의 논리를 그대로 베끼고 있다는 거예요.

일본 극우파들은 기존의 역사 교과서들이 '자학 사관'에 물들어 있다고 비난했어요. 대륙 진출이라는 자랑스러운 역사를 침략의 역사로 비하한다는 거예요. 한국의 뉴라이트는 산업화를 이룬 영광된 역사를 군사 독재로 비하하지 말자는 논리를 내세웁니다. 실제로 교학사 교과서 내용이 그래요. 친일파 이야기가 쏙 빠집니다. 독재 정권 때도 못 했던 일을 한 겁니다. 그때는 교과서를 국가에서 딱 한 종만 만들었습니다. 사회적으로는 친일파 어쩌고 하면 중앙정보부(현재의 국가정보원)에 붙잡혀 가서 두들겨 맞던 시절이었습니다. 사회 기득권 세력이 죄다 친일파 출신들이었으니까요. 그래도 교과서에서만큼은 적어도 친일파가 잘했다고 두둔하지는 못했습니다. 일제 강점기를 겪은 사람들이 두 눈 시퍼렇게 뜨고 살아 있는데 차마 거짓말은 못 했던 거예요. 여전히 친일파가 권력을 잡고 있었음에도 친일을 미화하지 않았어요.

그런데 교학사 교과서는 대놓고 이걸 미화해요. 예전에 민족문제연구소에서 친일 인명사전을 펴냈을 때 뻔뻔스럽게도, "그래서 뭐가 잘못되었다는 거냐"며 따지던 사람들이 이제는 자신들의 일제 강점기 행적을 미화하기에 이른 거예요. 문제는 이것뿐만이 아닙니다.

역사를 공부하다 보면 사료가 중요합니다. 전문 역사 연구자가 아니더라도 원 사료를 보면 당시의 맥락과 느낌을 알 수 있으니까요. 그래서 역사 교과서에는 당시의 사료를 소개하는 코너가 마련되어 있습니다. 우리 근현대사가 얼마나 사건이 많습니까. 민란의 격문을 실을 수도 있고, 동학 농민군의 선언문을 실을 수도 있고, 독립협회의 논설을 실을 수도 있고, 좋은 것이 얼마든지 많아요. 그런데 교학사 교과서를 보면 참 황당해요. 예컨대 일제의 명성황후 시해 사건에 대한 '사료 탐구' 부문에서 한성신보 편집장인 고바야카와 히데오의 회고록이 등장합니다. 그걸 보고 해당 사건을 느끼고 판단하라는 거예요. 황당한 건 고바야카와가 명성황후 시해 사건의 가담 인물이라는 사실이에요. 인용된 회고록에는 조선이 러시아와 손잡지 못하게 하려면 명성황후를 시해할 수밖에 없다는 내용이 쓰여 있습니다. 그 아래 '생각해 보기' 란에서 "당시 일본은 명성황후를 시해하는 과격한 방법을 선택할 수밖에 없었을까?"라고 묻고 있어요.* 가해자 입장에서 한번 생각해 보자는 겁니다. 기가 막힌 일이지요. 일본 우파도 이렇게 노골적으로는 못 씁니다. 다른 나라도 아닌 한국의 교과서에서 작심하고 일본 제국주의자들의 만행을 변명하려고 하는 거예요.

▶ 조선이 러시아와 손잡지 못하게 하려면 명성황후를 시해할 수밖에 없다는 고바야카와 히데오의 회고록이 담겨 있는 교학사의 2013년 판 한국사 교과서.

▶ 고바야카와 히데오의 회고록을 빼고 수정한 교학사의 2014년 판 한국사 교과서.

----

* 고바야카와 히데오의 회고록이 담긴 내용이 문제가 되자, 교학사는 2014년 판에서 회고록을 빼고 내용을 수정한다.

첫 번째 강의
역사란 무엇인가?

그나마 다행은 교학사 교과서의 채택률이 사실상 0퍼센트였다는 사실입니다. 학생들이 왜 우리가 친일 교과서로 공부해야 하느냐고 시위를 하고, 학부모들도 항의를 했습니다. 게다가 내용 자체가 엉성해서 교과서로서 제 역할을 못 하는 거예요. 이걸로 공부하면 수능 점수가 안 나온다고 걱정했다고 합니다. (웃음) 교육부 지침을 어긴 내용도 많아요. 교육부가 일단 검정을 통과시키긴 했는데, 영 엉터리인 거예요. 그러니 이 교과서로만 공부해서는 수능 문제를 제대로 풀 수가 없는 거죠. 사정이 이렇다 보니 처음에 10여 군데 학교에서 채택했다가 철회한 거예요. 그런데 정부에서는 교학사 교과서가 채택률이 저조하자 양식 있는 역사학자들과 국민들의 반대를 무릅쓰고 역사 교과서를 국정화하려고 하고 있습니다.*

한국이나 일본의 극우 세력들이 교과서에 집착하는 모습은, 역설적으로 역사 교육의 중요성을 말해 줍니다. 어려서 제대로 된 역사를 배우지 못하면 올바른 민주 시민으로 성장할 수 없어요.

여러분 '일베' 아시죠. 언론에 자주 등장하지요. 학생 중에도 일베 회원들이 있습니다. 수업 시간에 선생님이 이상한 소리를 했다며 국정원에 신고합니다. 최근에 이런 친구들이 늘었다고 해요. 황당한 건 그런 친구들을 국정원에서 초청해서 교육한다는 거예요. 선물도 주고 기념품도 주면서 독려합니다. 국정원 시계가 일베 회원들 사이에서는

----

* 2015년 10월 12일 박근혜 정부는 역사 교과서의 국정화를 공식적으로 추진할 것이라고 발표하고 한 달 만인 11월 3일 이를 확정 고시한다.

'절대 시계'로 통한다고 해요. 그걸 얻고자 선생님을 고발하는 거예요. 이런 친구들의 역사 인식은 극우, 혹은 보수 우파의 역사 인식하고도 또 다르게 천박한 것입니다. 그런데 일베류의 천박한 인식이 보수 언론을 통해 널리 퍼지고 있어요. 예컨대 한 보수 언론은 탈북자의 입을 통해 1980년 5월 광주 항쟁에 북한이 개입했다는 확인되지 않은 내용을 내보냅니다. 스스럼없이 친일과 독재 정권을 미화하고 민주주의를 비하해요. 일베도 마찬가지입니다. 더욱 충격적인 것은 이들에겐 인류도 없다는 것이에요. 광주 항쟁에서 돌아가신 분들의 시신 수습 사진을 보고는 홍어 택배니 어쩌고 하면서 모욕을 해요. 김대중 전 대통령 돌아가신 다음에 이희호 여사가 눈물 흘리는 장면을 보고는 홍어를 삭히고 있다고, 냄새 때문에 코를 막고 있다고 합니다. 입에 담을 수도 없는, 인간이 이렇게까지 타락할 수 있구나 싶을 정도입니다.

예전에 전국을 돌면서 강의를 할 때였습니다. 저는 광주에 대해 좀 진지합니다. '장엄한 패배', '거룩한 부활'이라고 믿고 있어요. 그래서 광주 항쟁 이야기를 하면서 끝까지 도청에 남은 사람들을 기억하자는 식으로 말씀을 드리곤 하지요. 이를 통해 오늘날 민주주의의 역사를 새롭게 인식할 수 있다고 생각합니다. 그런 내용으로 강의를 하는데 갑자기 대구교대에서 잡힌 일정이 취소됐다는 연락이 왔어요. 이유를 물었더니 일베 회원들이 계속 전화를 했대요. "대구는 보수 세력의 아성인데 어떻게 전라도 빨갱이들이 와서 강의를 할 수 있느냐"고 따졌답니다. 황당했지만 그렇다고 강의를 안 할 수는 없잖아요. 그래서 대학 본관 로비, 총장실 올라가는 계단 앞에서 강의를 했어요. 강의실이 폐쇄됐단 얘길 듣고 오히려 더 많은 분들이 참석했습니다. 즉석에서 강의 제목도 '어쩌다가'로 바꿨어요. '어쩌다가 대구가 이렇게 됐나'로. (웃음) 대구가 원래는 상당히 진보적인 도시였거든요. 동학과 국채 보상 운동이 있었고 4·19 혁명의 발상지였습니다. 역사적으로 민주화 운동이 활발했던 곳이에요. 「빼앗긴 들에도 봄은 오는가」로 유명한 이상화나 「청포도」의 이육사 같은 저항 시인들이 바로 이 지역 출신입니다.

　일베는 세상을 두 가지로 재단합니다. 자기들과 다르면 무조건 진보고 좌파예요. 한국 사회가 이념 대립이 심각합니다만, 그쪽 친구들은 이걸 극단적으로 인식하는 거죠. 편 가르기를 하고 마음에 안 들면 집단적으로 모독하고 공격합니다. 하지만 우리나라가 정말 보수와 진보, 혹은 우파와 좌파로 나뉠 수 있을까요? 제가 보기에 지금 우리나라엔 보수다운 보수가 없습니다. 그래서 사람들이 뭐가 정말 보수인지 몰라요. 그냥 마음에 안 드는 쪽을 진보라고 비난하기 위해 자기들은 보수라고 말하는 것뿐이에요. 과거에는 그렇지 않았습니다. 존경할 만한 보수들이 많았죠.

사라진 보수를 찾아서

　한국 근현대사에서 거의 사라져 버린 '진짜 보수'에 대해서 한번 짚어 봅시다. 우선 중국 이야기를 잠깐 할게요. 마오안잉이라고 마오쩌둥의 아들이 있는데, 한국 전쟁에 참전했다가 전사했어요. 이 사람 무덤이 이북의 평양 교외에 있습니다. 그런데 왜 아직도 거기에 남아 있을까 궁금하지 않아요? 마오쩌둥은 중국 최고의 실력자였잖아요. 원한다면 아들의 유해를 본국으로 가져 갈 수 있었을 겁니다. 몇 년 전에도 남쪽에서 발굴된 중국 병사 유해 400여 구를 중국으로 보냈잖아요.* 하물며 이북 땅이면 진즉 모셔 갈 수 있었겠죠. 사실은 마오쩌둥이 그렇게 하지 않은 겁니다. 중국 지도자들이 마오안잉의 유해를 모셔 오자고 하자 딱 한마디 했다고 그래요. "놔둡시다. 안잉이는 마오쩌둥 아들이니까." 이런 뜻이겠지요. "조선 땅에 와서 죽은 중국 병사가 10만이 넘는데 어떻게 내 아들부터 챙기느냐. 권력이 있다고 먼저 데려오는 건 옳지 않다. 다른 병사들 시신부터 수습한 다음 맨 마지막에 데려오라. 그게 지도자의 도리다…." 멋지지 않습니까? 한 나라의 지도자라면 이 정도는 돼야죠. 물론 마오쩌둥이 혁명을 이끌면서 많은 과오를 범했죠. 비판받을 건 비판받아야 마땅합니다. 그래도 배울 점은 배워야 하지 않을까요? 마오쩌둥은 한국 땅으로 중국의 아들들을 보낼 때 자기 아들도 같이 보냈고, 중국의 아들들이 희생될 때 자기 아들도 거기서 희생됐어요. 권력을 행사해서 아들을 안전한 지역에 배치할 수도 있었겠지만 그러지 않았어요. 그가 여전히 중국인들로부터 존

----

* 2014년 3월 28일 오전 인천공항을 통해 한국전쟁 때 숨진 중국군 유해 437구가 60여 년 만에 중국으로 돌아가게 된 것을 말한다.

경뿐만 아니라 사랑까지 받는 이유입니다.

　여기 같은 예가 또 있습니다. 미8군 사령관이었던 밴플리트 장군의 아들도 한국 전쟁에 참전했다가 전사했어요. 조종사로 전투에 나갔다가 이북 땅에서 격추됩니다. 한국 전쟁 때 미군 중에 부자(父子)가 같이 참전했다가 희생된 경우가 많아요. 고위 장성 아들들도 많이 전사했고요. 그런데 여러분 혹시 한국의 장관이나 국회의원, 혹은 고위 장성 아들이 전사했다는 얘기 들어 보신 적 있나요? 있었다면 교학사 교과서에 크게 실렸겠지요. 전쟁기념관에 동상을 세웠을지도 모릅니다. "보수가 이렇게 용감하게 싸웠다!" 자랑할 만한 일이잖아요. 그런데 그런 예가 없어요. 오늘날 한국의 보수 엘리트는 공동체를 위해 자기 자신을 희생해 본 적이 없습니다.

　과거에는 그렇지 않았습니다. 대표적인 예로, 명문가 출신의 독립운동가 이회영이 있지요. 이분은 '오성과 한음' 이야기의 주인공으로 유명한 백사 이항복의 후손으로 정승만 다섯 명이 나온 조선 최고의 명문가 출신입니다. 재산도 엄청났지요. 한일 강제병합 조약으로 나라를 빼앗기자 이 집안의 여섯 형제는 모든 재산을 탈탈 털어서 독립운동에 나섭니다. 신흥무관학교(독립군 양성 기관), 경학사(항일 자치 단체)도 이분들이 세운 거예요. 그렇게 재산을 모조리 쏟아부은 결과 정작 자신들은 가난한 삶을 살게 돼요. 6형제 중에 제일 돈이 많았던 둘째 형님은 굶어 죽습니다. 해방이 되자 막내 딸 한 분만 살아서 고국으로 돌아옵니다. 바로 대한민국 초대 부통령 이시영 선생이에요.

옛날에 부자를 보통 '만석꾼'이라고 했잖아요. 이회영 선생 집안은 1년에 8만 석을 거두었다고 합니다. 엄청난 거죠. 지금으로 치면 재계 서열 10위 안에 충분히 들 거예요. 아쉬울 것 하나 없는 사람들이 한 명도 빠짐없이 객지 생활을 하면서 독립운동을 한 거예요. 이분들이 한국을 떠날 때 데리고 있던 종들도 같이 갔어요. 그들과 함께 독립운동을 합니다. 집에서 부리던 종들도 신흥무관학교에 입학시키고, 그 뒷바라지를 대갓집 마님들이 해요. 밥해 주고 빨래해 주고 버선 기워주고…, 엊그제 집에서 부리던 종들을 위해서 말입니다. 한 사회가 위기에 처했을 때 그 사회의 혜택을 받고 자란 사람들이 어떻게 처신해야 하는지를 보여 주는 모범적인 사례예요. 세계적으로도 이런 노블레스 오블리주가 없습니다. 양반 중의 양반, 저는 이런 분들이야말로 진정한 보수라고 생각합니다.

장준하도 그런 인물 중 하나입니다. 이분은 이범석 장군 밑에서 민족청년단원으로 활동한 대표적인 보수주의자입니다. 흔히들 박정희와 비교를 많이 하죠. 박정희는 1917년, 장준하는 1918년생으로 나이가 엇비슷한데 삶의 이력은 달라도 너무 다르죠. 박정희는 엘리트 군인의 길을 갑니다. 혈서를 쓰고 만주군관학교에 지원하지요.* 그는 5·16 후에 쓴 『국가의 혁명과 나』(1963년)라는 책에서 "명치유신의 지사들처

----

* 박정희 전 대통령의 아들 박지만이 『친일 인명사전』을 상대로 게재 금지 가처분 신청을 내자 책을 발행한 민족문제연구소는 해당 기사가 실린 1939년 3월 31일자 만주신문 사본을 전격 공개한다. 혈서의 내용은 "죽음으로써 충성을 맹세한다"는 것으로 원본은 일본 국회도서관에 소장되어 있다.

럼 조국을 근대화시키고 싶다"고 말합니다. 명치유신(메이지유신)이라는 게 뭡니까? 바로 일본식 중앙 집권 국가 프로젝트잖아요. 정한론(征韓論)을 펼친 사이고 다카모리, 한반도 침략의 원흉인 이토 히로부미 같은 사람들이 핵심 역할을 했습니다. 박정희가 닮고자 했던 '명치유신의 지사'라는 게 바로 이런 자들이었던 거예요.

박정희 독재 정권과 싸운 장준하는 그 반대편에 있는 사람입니다. 광복군 시절에는 백범 김구의 지시로 미국 CIA의 전신인 OSS 부대에서 50여 명의 대원과 함께 국내 진공 작전을 준비하기도 했습니다. 미군 비행기로 조선팔도에 광복군 장병들을 낙하산으로 투입시키는 작전이었습니다. 각 도마다 세 명에서 다섯 명씩 침투시켜서 국내의 독립 투쟁을 조직한다는 거였는데, 성공 가능성은 크지 않았습니다. 공중에서 투하되는 순간 잡혀서 죽을 확률이 높았죠. 백범이나 장준하도 그러한 사실을 잘 알고 있었습니다. 그렇다면 왜 그런 무모한 작전을 계획했던 걸까요? 참 슬픈 얘깁니다만, 이렇게 해서라도 한국의 임시정부가 일제와 싸우고 있다는 걸 세계에 보여 주고 싶었던 거예요. 그러지 않으면 해방 후 우리 몫을 주장하기 어려울 거로 본 겁니다. 그리고 백범의 예상은 맞아떨어졌어요. 36년간 줄기차게 일제와 싸웠지만 일본 패망 후 우리의 의사는 전혀 반영되지 않았습니다. 2차 대전이 끝나고 일본과 전쟁을 치른 전 세계 52개 나라가 참여한 샌프란시스코 강화 회의*에 한국은 초대받지 못했습니다.

당시 장준하 선생과 함께 훈련을 받은 분 중 한 명인 김준엽 선생도 한국의 대표 보수입니다. 이분은 해방 후에 국무총리 제의를 여섯 번씩이나 받았는데 그때마다 거절해요. 고려대 총장 시절 김준엽은 제자들이 군부 독재 타도하자고 외치다 감옥 가는데 내가 어떻게 그 졸개 노릇을 하느냐고 거절 이유를 밝힙니다. 훌륭한 학자이자 기개 있는 지식인이었지요.

장준하는 한국 전쟁 후에는 『사상계』를 발간하면서 전쟁의 폐허 속에서 방황하는 지식인들에게 등불과도 같은 역할을 합니다. 한 시대의 청년들에게 마음의 양식을 대준 스승이었던 장준하가 정작 자기 자식들은 대학에 보내지 못했습니다. 기가 막힌 일이지요. 우리나라에는 이처럼 멋진 보수가 많았습니다. 하지만 대대손손 부귀영화를 누리던 친일파와 달리 홀대를 받았지요.

장준하는 아시다시피 박정희 독재 정권과 맞서 싸우다 의문사를 당합니다. 이와 관련해서 논란이 있었고요. 유골에서 타살 흔적이 발견되면서 실족사라던 정부 발표에 다시 한 번 의문이 제기됩니다. 저는 고등학교 1학년 때 장준하 장례식에 갔었습니다. 개인적으로 뵌 적은 없지만 큰 어른이, 애국자가 돌아가셨다고 해서 참석했지요. 한편으론 장례식에 가면 진실을 들을 수도 있지 않을까 하는 생각도 있었습니다. 당시 동아일보에 장준하의 죽음에 의문을 제기한 기사가 났었거

----

* 1951년 9월 4일 일본과 강화조약을 체결하기 위해 열린 국제회의. 조약은 아시아 태평양 전쟁을 공식적으로 종결시키고 피해에 대한 배상을 정하고, 연합국과의 관계를 정상화하기 위한 내용을 담고 있다. 정식 명칭은 대일 평화 조약이다.

▲ 1974년 형집행 정지 결정으로 출감해 지인들과 인사를 나누고 있는 장준하.

든요. 그 기사를 쓴 기자는 구속되고 아무런 후속 기사도 없었어요. 그런데 장례식이 진행되는 동안 아무도 말이 없었어요. 그만큼 엄혹한 시절이었습니다. 저는 차라리 실족사이기를 바랐습니다. 진짜 광복군 장준하가 해방된 지 30년이 지난 뒤에 '일본 제국의 마지막 군인'이라 불리던 박정희의 독재 정권에 의해 암살된다는 것은 너무 슬픈 일이잖아요.

백범 김구 선생도 사상만 따지면 우익이라 할 수 있어요. 장준하는 백범 선생이 귀국할 때 수행 비서로 같은 비행기를 타고 올 정도로 백범의 사랑을 받은 최측근입니다. 그런데 장준하가 백범과 결별해요. 1948년 단독정부 수립을 저지하기 위해 백범이 남북협상에 나서자 장준하는 빨갱이랑 어떻게 대화를 할 수 있느냐며 백범 곁을 떠났습니다. 장준하는 사상이 아니라 삶의 태도가 진보적인 분이에요. 저는 이분이 4·19 묘지를 다녀와서 쓰신 글을 보고 감동했습니다.

"4·19가 왜 실패했는가. 이 묘지에 와 보면 답이 딱 나온다. 여기 죽어 누워 있는 사람들을 보면 열너댓 먹은 여중생부터 잘해야 스물서넛 먹은 대학생들뿐이다. 이 아이들에게 민주주의가 어떻고 자유가 어떻고 떠들었던 지식인들, 교수, 목사, 변호사, 언론인 단 한 명도 아이들과 함께 누워 있지 않다. 애들만 앞세워 피 흘리게 한 혁명이 성공할 수 있겠는가…." 이런 취지였습니다. 장준하 선생이 정말 훌륭한 것은 말로만 민주주의를 외친 게 아니라는 점입니다. 박정희가 긴급조치 1호를 선포했을 때, 유신 헌법을 고치자는 말만 해도 영장 없이 체포당

하고 군법회의에서 징역 15년에 처한다고 겁을 주었을 때, 가장 먼저 감옥에 간 분이 바로 장준하 선생입니다. 이 땅에 이런 보수가 사라졌어요. 지금 이분에 대한 평가가 어떻습니까? 보수 진영에선 거들떠도 안 보죠. 진보 진영에선 큰 어른으로 모십니다.

함석헌 선생은 공산주의가 싫어서 월남한 기독교 사상가입니다. 신의주 학생 반공 의거의 사상적 배후로 알려졌지요. 문익환 목사나 박형규 목사도 대표적인 우익이었습니다. 이분들은 해방 후 좌우 대립이 심할 때 우파 정도가 아니고 미군으로 생활했습니다. 특히 문익환 목사는 미국의 카터 대통령이 주한 미군 철수한다고 하니까 반대 서명 운동을 하고 다닐 정도로 보수적이었습니다. 계훈제 선생님도 계십니다. 이분은 해방 직후에는 반탁학련이라고 우익 주먹패 행동대장이었어요. 백기완 선생님도 그때 나이는 어렸지만 우익 계보의 속해 있었고요. 리영희 선생은 국군 장교 출신입니다. 시인 김수영은 반공 포로 출신이었고요.

지금까지 제가 말씀드린 분들이, 오늘날 한국의 진보를 대표하고 있다는 사실이 놀랍지 않습니까? 한국의 진보는 원래부터 진보였다기보다는 '진짜 보수'에서 나온 거예요. 시대와 함께 호흡하면서 자기 자신을 끊임없이 변화시켜 나간 겁니다. 지금 자칭 보수라고 말하는 사람들은 보수가 아닙니다. 그냥 '수구꼴통'이에요. 자기 사회의 주인이 보수 세력이 된 것이 아니라 일본 제국주의 앞잡이 하던 친일파들이 보수인 척하고 있어요. 앞잡이는 책임지지 않습니다. 세월호 선장이 아이들과 승객들을 놔두고 저만 살자고 도망친 것도 우연한 일은 아니에요. 보수라는 게 뭐예요. 현실을 지키자는 거잖아요. 책임을 지겠다는 겁니다. 그러면 솔선수범해야 하잖아요. 지켜야 할 것을 지키기 위해 자기를 버릴 줄 아는 게 진짜 보수입니다. 진짜 보수들이 전쟁통에 빨갱이로 몰려 죽거나 군부 독재를 거치면서 자연스럽게 진보로 변한 겁니다. 한국의 진보는 그래서 바빠요. 보수가 해야 할 역할까지 하거든요. 원래 '글로벌 스탠더드'에 비추어 보면 진보는 계급을 이야기하고, 보수는 민족을 이야기하죠. 한국의 진보는 계급과 민족이라는 두 가지 과제를 다 짊어져야 하다 보니 힘이 많이 들어요. 가끔 휘청거릴 정도로요. 한국의 민주주의가 퇴보하는 것은 진보가 약해서가 아니에요. 보수가 허약해서 그런 겁니다. 해방 후 1970년대까지 그랬습니다. 결국 한국의 보수는 수구들에게 그 자리를 내주게 되지요. 그러다가 한국 민주주의의 일대 전환점이라 할 1980년 5·18 광주 민중 항쟁을 맞이하게 됩니다.

1980년 광주를 기억하라

1979년 10월 26일 유신 독재로 종신 대통령을 꾀하던 박정희가 총에 맞아 죽습니다. 이 사건에 대해서는 여러 가지 설이 있습니다만, 그 중 하나만 소개하기로 하지요. 당시 부산에서 데모가 크게 일어났어

요. 어떻게 대처해야 하느냐를 두고 부하들의 의견이 갈립니다. 경호실장이던 차지철은 강경론을 폅니다. 데모대를 탱크로 밀어 버리자고 해요. 캄보디아에서는 200만 명이 죽었는데, 1만 명쯤 무슨 문제냐는 식으로 말합니다. 그러자 비교적 온건파였던 김재규가 고민에 빠집니다. 엄청난 사람들이 희생되리라는 걸 직감한 겁니다. 당시 중앙정보부장이면 대한민국에서 정보를 가장 많이 갖고 있는 사람이잖아요. 끔찍한 유혈 사태를 막을 길이 무엇이냐를 고민하다가 결국 박정희를 쏜 거예요. 김재규하고 박정희는 친형제 같은 사이였습니다. 그렇지만 수천 명 젊은이들이 피를 흘리는 일을 막을 수 있는 방법이 무엇일까 찾다 보니 박정희를 쏘는 것 말고는 방법이 없었던 겁니다. 그렇게 해서 박정희를 쐈는데, 아이러니하게도 이로 인해 광주에서 수많은 희생자가 생깁니다.

박정희가 죽자 전두환을 중심으로 한 신군부가 반란을 일으키면서 정권을 장악합니다. 전두환이 누굽니까? 차지철이 청와대 경호실장일 때 그 밑에서 경호실 작전차장보 하던 사람이에요. 노태우는 행정차장보였습니다. 박정희가 죽은 다음에 대한민국을 13년 동안이나 통치한 사람들이 죄다 박정희 경호원들이란 말이에요. 박정희 없는 박정희 체제가 이어진 겁니다.

전두환이 실권을 장악하자 전국에서 항의 시위가 이어집니다. 신군부는 전국에 비상계엄을 내리고 광주에 공수 부대를 투입하지요. 도시 외곽을 차단하여 광주 지역을 고립시킵니다. 공수 부대원들에게 포

▲ 광주 시민들이 탄 버스를 무작위로 공격하는 무장한 계엄군들.

위된 상황에서도 광주 사람들은 놀랍게도 평정심을 유지합니다. 그 흔한 사재기도 없어요. 이때 경찰력이 완전히 무너졌잖아요. 수천 정의 총기가 풀렸습니다. 그럼에도 은행, 슈퍼마켓, 금은방, 전당포 어느 한 군데도 털린 데가 없어요. 공권력이 일주일 넘게 제 기능을 못하는 상황에서 도시는 질서를 유지합니다. 쌀이 부족하자 쌀집 하는 분들, 식당 하는 분들이 쌀을 내놓아 길거리에서 주먹밥을 만들어 시민군을 먹였습니다. 저에게는 이게 현대판 '오병이어'의 기적, 예수님께서 떡 다섯 조각과 물고기 두 마리로 수천 군중을 먹이셨다는 그 기적만큼이나 큰 감동으로 다가옵니다.

광주 항쟁이 있기 3년 전 1977년 7월 어느 날 뉴욕에서 정전 사태가 있었습니다. 발전소에 벼락이 떨어지면서 이날 밤 전력 공급이 중단된 겁니다. 이때 단 하룻밤 사이에 수많은 상가와 백화점이 강탈당해요. 경찰에 잡혀 간 사람만 3800여 명에 이릅니다. 거기에 비해 광주는 어때요. 기가 막힌 공동체 정신을 발휘한 거죠. 그러나 참 외로웠을 겁니다. 말 그대로 '고립'되었으니까요. 서울, 대구, 부산은 물론이고 가까운 전주에서도 도와주지 못했잖아요. 그러는 사이에 많은 사람들이 희생당했습니다. 비탄에 잠겼을 것이고, 일단 계엄군은 몰아냈지만 언제 다시 쳐들어올지 모르는 상황이니 늘 불안하고 두려웠을 것입니다.

광주의 마지막 밤, 그러니까 계엄군이 도시를 접수하기 전 5월 26일 밤 일군의 사람들이 도청에 남습니다. 도청 앞 광장에 모였던 3만여 명의 사람들이 그날 밤 계엄군이 쳐들어온다는 소식에 놀라 하나둘 사라지고 300여 명만이 그 자리를 지킵니다. 그 사람들은 왜 남았을 까요? 자기들이 죽더라도 이렇게 싸우면 계엄군을 물리칠 수 있다고, 광주를 지킬 수 있다고, 최소한 도청은 사수할 수 있다고 생각했을까 요? 하지만 대부분은 안되는 싸움이라는 걸 알고 있었어요. 당시 시민 군이 가진 총은 2차 대전 때, 6·25때 쓰던 카빈총이었어요. 최신 무기 로 무장한 계엄군이 작심하고 들어오면 막을 수 있나요? 불가능합니 다. 안 싸워 봐도 아는 거예요. 그래도 남았어요. 싸우면 진다는 걸 알 지만, 텅 빈 도청을 전두환에게 내줄 순 없다. 이렇게 무기력하게 내주 면 지금까지 싸우다 죽은 사람들은 뭐가 되느냐 하면서 남은 사람들입 니다. 만약에 그날 밤에 이 사람들이 총을 내려놓고 집에 갔으면 우리 가 지금 기억하는 광주는 없습니다. 아무런 저항 없이 전두환의 부하 들이 시시덕거리면서 도청에 들어왔으면 우리가 기억하는 광주는 없 을 겁니다. 그 사람들이 싸웠기 때문에 우리는 광주를, 민주주의를 기 억할 수 있었습니다.

5월 27일 새벽 마지막 가두방송이 들려옵니다. 도청에 남은 사람들 은 언제 쳐들어올지 모를 계엄군을 기다리면서, 집으로 돌아간 사람들 은 뜬눈으로 밤을 지새우며 그 소리를 듣습니다. 그리고 총소리가 울 립니다. 탕탕탕탕… 그 소리는 채 30분이 안 돼 멎습니다. 화력 차이 가 워낙 컸기에 순식간에 제압당한 거예요. 밤중에 집에서 그 소리를 들어야 했던 사람들의 심정이 어땠을까요? '아, 이제 총소리가 멎었구 나. 진압이 끝났구나. 그렇다면 도청에 남은 사람들은….' 그렇게 '살

아남은 자의 슬픔'은 1980년대를 관통합니다. 광주 이후 우리 사회는 딱 두 종류의 사람으로 나뉩니다. 살아남은 자의 슬픔을 느끼는 사람과 느끼지 못하는 사람.

결국 도청은 계엄군의 손에 들어갑니다. 생존자들은 손을 뒤로 묶인 채 줄줄이 끌려 나갔습니다. 등에는 "도청 3층에서 끝까지 저항", "총기 소지", "실탄 10발 소지", "악질 극렬 폭도", 이런 글자가 쓰인 채 말이에요. 나중에 이분들은 상무대로 끌려가 극심한 고문을 받았습니다. 마지막까지 도청을 지키다 돌아가신 분들은 쓰레기차에 관이 포개어 실린 채 망월동으로 갔습니다. 지금은 망월동이 국립묘지가 되었지만, 꽃상여 타고 그곳에 간 게 아니에요. 그렇게 처절하고 비참하게 실려 나갔습니다. 하지만 이것은 시작에 불과해요. 국민을 도륙하고 정권을 잡은 전두환은 이후로 더욱 폭압적이고 잔인한 방법으로 민주주의를 짓밟았습니다.

당시 한국의 자칭 보수들은 여기에 저항하지 않았습니다. 오히려 거들고 나섰지요. 모든 신문이 전두환을 찬양했습니다. 특히 대표적인 게 조선일보였어요. 1980년 8월 23일자 3면에 보면 '인간 전두환'이라는 기사가 나옵니다. 젊은 시절 전두환 사진을 크게 싣고 못하는 운동이 없다는 둥 국가관이 투철하다는 둥 노골적으로 그를 미화합니다. '전비어천가' 중에서도 가장 돋보이지요. 화끈하게 아부한 거예요. 이에 화답이라도 하듯이 정권의 특혜를 받습니다. 이때 조선일보는 동아일보를 제치고 신문 시장 1위를 차지하게 되지요. 재미있는 건 지금 인

한홍구의
청소년 역사 특강

46

▲ 1980년 8월 23일자 조선일보의 '인간 전두환' 기사.

터넷으로 조선일보에 접속해서 PDF 기사 검색을 하면 그 기사가 안 나온다는 거예요. 왜? 자기들이 생각해도 '쪽팔린' 겁니다. (웃음)

이런 식으로 보수 기득권 세력은 모조리 권력을 차지한 신군부에 고개를 숙이지요. 하지만 우리나라가 어떤 나라입니까? 일제와 줄기차게 싸우고 이승만을 권좌에서 끌어내리고 박정희 독재 정권과 싸운 전통이 있잖아요. 무력 앞에 숨죽이던 사람들이 서서히 일어나기 시작합니다. 우리 시민들은 도청에 남아 싸웠던 그들을 기억하고 있었습니다. 너무나 장렬하게 싸우다가 졌기에 그 슬픔을 지울 수가 없었던 거죠. 광주가 진압된 지 3년 후인 1983년 9월 30일 민청학련(민주화운동청년연합)이 결성됩니다. 공개적으로 학살 정권에 맞서 싸우겠다고 선언한 겁니다. 당시 초대 의장이 김근태 전 국회의원이었어요.

혹시 옴두꺼비 이야기를 아십니까? 옴두꺼비는 민청학련의 상징입니다. 이 두꺼비는 알을 품게 되면 특이한 행동을 한다고 합니다. 뱀을 만나면 도망가지 않고 싸움을 건다고 그래요. 뱀이 피해가도 뱀의 길을 막으며 싸우다 잡아먹힌다는 거예요. 옴두꺼비를 먹은 뱀은 옴두꺼비가 내뿜는 독 때문에 곧 죽게 됩니다. 그러면 옴두꺼비는 죽어 가며 뱀의 몸 안에 알을 낳습니다. 그렇게 뱀의 몸 속에 낳은 수백 개의 알이 부화하여 뱀의 몸을 먹이 삼아 자라나는 거예요. 저는 이걸 민주주의를 향한 싸움에 비유하고 싶습니다. 민청련이 그랬습니다. 구속과 고문이 뒤따랐지만 굴하지 않았습니다. 그러자 뒤를 이어 수많은 청년·시민이 들고일어섰지요.

1987년 1월 군사 정권의 고문을 받다가 박종철*이 죽었습니다. 1987년 6월 항쟁이 일어나고 최루탄에 맞아 이한열이 쓰러집니다.** 분노한 시민들이 몰려들어 "독재타도 민주쟁취"를 외쳤습니다. 전국적인 대규모 시위가 이어지자 군사 정권은 결국 6·29 선언을 통해 사실상 항복합니다.*** 우리가 이렇게 온 겁니다. 광주의 힘으로 6월 항쟁까지 오면서 민주화를 이룬 거예요. 지금 여러분이 누리는 민주주의는 누군가의 희생 위에 있다는 사실을 잊어선 안 됩니다. 누군가 자기를 내던지며 싸웠기에 가능했던 거예요. 그렇다고 주눅이 들거나 부담스러워 할 필요는 없습니다. 선배들이 그랬던 것처럼 우리가 이 시대에 해야 할 일을 고민하고 실천하는 것이 중요합니다. 변화는 거기서 시작된다고 생각합니다. 지금까지 간략하게 우리나라 근현대사를 훑어보았습니다. 강의 서두에서 역사가 나의 삶과 동떨어진 것이 아니라는 점을 말씀드렸는데요. 다음 시간부터는 우리 일상과 밀접한 주제를 두고 역사 이야기를 이어 나가도록 하겠습니다.

----

*   1987년 1월 공안 당국에 연행된 대학생 박종철이 고문과 폭행으로 사망한 사건. 치안본부장은 박종철이 물을 마시던 중 수사관이 책상을 '탁'하고 치니까 '억' 하고 갑자기 사망했다고 공식 발표하지만 이후 언론을 통해 고문치사 사실이 알려지면서 6월 항쟁의 계기가 된다.

**   연세대학교에서 시위를 벌이던 중 전투 경찰이 쏜 최루탄에 머리를 맞고 사망한 사건. 당시 피를 흘리는 이한열을 동료가 부축하고 있는 사진이 뉴욕타임스 등에 보도되면서 전두환 독재 정권의 잔인함이 전 세계에 알려진다.

*** 국민적 저항이 거세지자 1987년 6월 29일 당시 여당인 민주정의당 대통령 후보 노태우는 직선제 개헌을 수용한다는 내용을 골자로 하는 특별 선언을 발표한다.

두 번째 강의

근대 학교의 역사

학교 괴담의 기원

"19세기 학교에서 20세기 선생님들이 21세기 아이들을 가르친다"는 말이 있습니다. 한국에서 학교가 가지는 부정적 측면을 잘 보여 주고 있지요. 실제로 학교 시스템하고 학생들이 맞지 않아서 삐거덕거릴 때가 많습니다. 여러분 혹시 〈말죽거리 잔혹사〉란 영화 본 적 있나요? 70~80년대 고등학교 얘긴데 학생들이 선생님한테 엄청 맞고 다녀요. (웃음) 약간의 과장이 있지만 사실이 그랬습니다. 제가 1978년에 고등학교를 졸업했으니까 배경이 대략 그 무렵이 아닌가 싶어요. 시기적으로 비슷해서 그런지 공감이 많이 됐습니다. 이 영화가 2004년에 나왔습니다만, 그때 그 영화를 본 대학생들이 자기들도 그렇다고 해요. 교복 빼고 다 똑같더라고 해서 놀랐습니다. 세상이 변해도 학교는 아직

갈 길이 멀구나 하고 말이죠.

한국에서는 밤에도 학생들이 집에 못 갑니다. 야간 자율학습을 마치고 또 학원에 갑니다. "선생님, 집에 다녀오겠습니다." 하는 게 인사일 정도로 힘들게 공부해요. 집보다 학교와 학원에서 훨씬 많은 시간을 보냅니다. 제가 학교 다닐 때도 보충 수업이란 게 있었어요. 학교에 남아서 수업을 듣는 거였는데 지금처럼 심하지는 않았습니다. 융통성도 있어서 그 시간에 친구들과 놀기도 하고 그랬는데 지금은 상당히 엄격해졌다고 해요. 지금 학교 분위기도 예전보다 삭막해졌다는 느낌을 받아요.

제가 전교조에 강연을 자주 갑니다. 선생님들과 뒤풀이 자리에서 얘기하다 보면 예전하고는 많이 다르다고 해요. 전교조가 처음 만들어졌을 때가 1989년입니다. 27년이 넘었지요. 여러분 부모님 중에 전교조 1세대가 있을지도 모르겠네요. 당시 전교조 선생님과 학생 관계가 상당히 깊었던 거로 기억합니다. 당시 정부에서 전교조를 탄압했을 때 가장 힘이 되어준 게 바로 학생들이었거든요. 왜 우리 선생님을 자르느냐면서 항의도 하고 시위도 했습니다. 좋은 선생님들이 많이 계셨거든요. 차별도 안 하고 이해도 잘해 주는 선생님들이 해직되고 하니까 학생들이 편을 들어준 거예요. 그런데 요즘은 그런 거 없답니다. 수업 시간에 뭔가 도움이 될 만한 말을 해 주려고 하면, 교안대로 진도 나가 달라는 학생이 꼭 있대요.

제가 학교 다닐 때는 힘들기는 했지만 즐거움이 많았습니다. 뭐니뭐

▲ 1989년 전교조 탄압에 항의하는 고등학생들의 시위 모습.

니해도 친구들이 있었으니까요. 월요일 아침은 늘 교실이 떠들썩했죠. 주말에 텔레비전 본 얘기, 논 얘기, 그러면서 장난치느라 정신이 없었습니다. 요즘은 어때요. 월요일 아침이면 학교 가기 싫어서 우는소리 하는 학생이 한둘이 아니죠?

제가 아는 우스갯소리 중에 이런 게 있습니다. 아침에 일어나서 학교 가기 싫다고 그래요. 가 봐야 왕따인데 뭐하러 가느냐는 거예요. 엄마가 아이를 달래면서 하는 말이 "어떡하니 넌 선생님인데." (웃음) 몇 년이 지나고 같은 집에서 또 아침에 학교 가기 싫다는 소리가 나옵니다. 이번엔 엄마가 조금 다르게 말하죠. "어떡하니 넌 교장 선생님인데." 학교라는 공간이 학생이나 선생님 모두에게 즐겁지가 않은 그런 공간이 되어 버린 겁니다.

여러분 공포 영화 좋아해요? 제가 어렸을 때는 귀신이 공동묘지에 살았습니다. 그러다가 1990년대 말쯤 학교로 이사를 와요. 〈여고괴담〉(1998)이라는 영화가 크게 인기를 끌었죠. 저는 이 영화에서 아주 충격적이었던 게, 서로 누가 귀신인지 모른다는 것이었습니다. 학생들 사이에 섞여 다니는 것으로 설정이 되어 있어요. 정말 무서웠습니다. (웃음)

물론 학교에서 귀신이 나오는 얘기는 예전에도 있었습니다. 제가 어렸을 때는 변소에 귀신이 살았어요. 재래식 화장실이죠. 안이 깊습니다. 그 속에 변이 가득 차 있는데 손이 쑥 올라와요. "파란 손으로 닦아 줄까, 빨간 손으로 닦아 줄까." 사고가 나서 거기에 빠져 죽는 아이도 있었다는 둥, 하여간 괴담의 무대가 학교가 되었습니다.

일본에도 이런 부류의 괴담이 많습니다. 학교 터에 연못이 있었는데 거기서 빠져 죽은 사람이 출몰하는 식입니다. 하지만 학교에서 있었던 일 자체가 괴담의 소재가 되지는 않았어요. 요즘은 학교가 괴담의 무대일 뿐만 아니라 원천이기도 해요. 혹시 '통통 귀신' 이야기 아세요? 전교 1등과 2등이 서로 친구였는데 자기가 계속 2등만 하니까 옥상에서 1등을 밀어 버렸다는 얘기죠. 그때 죽은 아이가 밤마다 머리로 통통 뛰어다닌다는 슬픈 이야기입니다. 이런 식인 거예요.

제 생각에는 학교가 귀신 나오는 공간으로 변하면서 우리나라에 '대안 학교'가 생긴 듯해요. 2000년대 들어서 한국의 학교가 숨 쉬기 어려운 곳으로, 입시 제도와 맞물리면서 학교가 전인 교육의 장이 아닌 입시의 전투 현장으로 변하면서 귀신 얘기가 나왔죠. 아이들이 학교를 두려워했고 고통스러워했습니다. 학교에 가기 싫다는 학생이 나오고, 아이를 강요할 수 없는 부모들이 대안을 찾은 거예요. 대안 학교를 세우는 것도 일이지만, 제가 강조하고 싶은 것은 공교육의 정상화입니다. 더 많은 아이들이 숨 쉴 공간을 마련해야 하잖아요. 대안 학교의 모델을 공교육에서 어떻게 살릴 것인가 하는 것을 고민해야 한다고 생각합니다.

예전에, 근대적 의미에서의 학교가 없던 시절에는 어땠을까요? 조선 시대에는 서당이 있었습니다. 김홍도가 그린 「서당도」를 아시나요? 그림을 보면 혼나는 애도 있고 공부하는 아이들도 있습니다. 각각 따로 따로 앉아서 책을 보고 있죠. 서당에는 훈장이 있고, 학생이 적으면 열

▶ 단원 김홍도가 그린 서당도

명에서 많으면 스무 명 정도 있습니다. 나이는 제각각이에요. 그러니까 진도도 학생별로 다릅니다. 선생님은 일대일로 지도해요. 같은 교재를 두고 공부하다가도 필요하면, 누구는 『맹자』를 읽고 누구는 『통감』을 읽고 누구는 『소학』을 읽고 하는 식으로 진행되었습니다. 교사 1인당 학생 수가 적었습니다.

오늘날은 어때요? 김대중 정부 때 1인당 학생 수가 줄었다가 요즘 다시 증가하고 있죠. 고등학교는 다시 40명이 넘고 있다고 해요. 제가 학교 다닐 때는 한 반에 100명인 경우도 있었습니다. 지금은 없어졌습니다만, 숭덕국민학교는 당시 전교생이 2만 명이 넘었어요. 한 학년이

3000명이 넘고 교실이 부족해서 오전 반, 오후 반 나눠서 한 반에 100명씩 다녔습니다. 저는 사립 국민학교(초등학교)를 나왔는데 당시 한 반에 60명이었어요. 공립학교는 많으면 100명이나 되었고요. 교단에 서면 학생들 얼굴이 한눈에 안 들어옵니다. 학생들과 교감이 안 되는 인원수예요.

서양식 근대 학교의 탄생

근대의 교육은 '보통 교육'이라고 합니다. 신분에 상관없이 누구나 학교에 다니면서 공부할 권리가 있어요. 이렇게 되기까지 오랜 시간이 걸렸습니다. 지금부터는 근대적 의미에서의 '학교'가 어떻게 생겨났는지 살펴보겠습니다.

18세기 산업 혁명이 일어나고 자본주의가 본격화되면서 서양에서는 새로운 교육의 필요성이 제기됩니다. 그동안은 농사를 지었죠. 특별한 '기술'이 필요 없었습니다. 농경법은 수천 년 동안 진보했지만 씨 뿌리고 수확하는 기본 패턴은 달라지지 않았어요. 농민들은 대대로 이어온 농사 지식을 알면 그만이었습니다. 그러다 근대에 들어서면서 생산 활동 자체가 상품 생산을 위한 것으로 바뀝니다. 수확량을 늘리기 위해 비료도 많이 쓰고 기계로 상품을 만들지요. 농사도 과거에 비해 복잡해졌어요. 기계를 다루려면 글을 알아야 합니다. 요즘도 컴맹도 있고 기계치가 있지만, 그런 분들을 위해 매뉴얼이라는 게 있지요. 작동법, 관리법 등은 물론 고장 났을 때 수리법까지 친절하게 설명해 줍니다. 그런데 이걸 이해하려면 학습 능력이 있어야 해요. 글을 알아야 합니다. 공장에서 일을 가르칠 때도 마찬가지입니다. 작업 과정과 방식 등을 이해하려면 학습 능력과 글자 해독 능력이 있어야 하는 겁니다. 학교는 노동자가 갖춰야 할 필수적인 지식과 행태를 배우는 곳이었습니다.

자본주의 초기에 농민을 데려다가 일을 시키는데 너무 힘든 거예요. 제대로 된 지식이 없었으니까요. 아무리 설명을 해도 기계를 못 다룹니다. 시간관념도 없어요. 몇 시부터 몇 시까지 어떤 일을 하고 몇 시에 물건을 납품하고 이걸 잘 지켜야 하는데, 농민들은 시간관념이 없다 보니 자본가들이 요구하는 정확한 공정을 못 맞춰요.

옛날 사람은 '배꼽시계'로 살았습니다. 아침에 일어나서 해 뜨면 일하고 해 지면 잠자고 하는 식이었죠. 대신 계절의 변화에는 민감했습니다. 씨 뿌릴 때와 거둘 때를 아는 게 중요했으니까요. 24절기라는 것이 그렇잖아요. 반면 하루 24시간을 엄밀하게 쪼개서 사용하지는 않았죠. 생활 방식이 그랬습니다. 혹시 '코리아 타임'이라고 들어 봤어요? 한국 사람이 시간을 잘 안 지킨다는 뜻입니다. 제가 어렸을 때는 부정적인 뜻으로 많이 쓰였어요. 사람들이 제시간에 안 모여요. 세월아 네월아 기다리다 한참 늦게서야 도착합니다. 지금 생각하면 당연하기도 해요. 우리가 서양이나 일본에 비해 '근대화'가 늦었잖아요. 그들은 학

교에서 시간관념을 배웠지만 우리는 그렇지 않죠. 누군가 "이따 보자"는 말을 해요. 그런데 그게 언제죠? 10분 후일 수도 1시간 후일 수도 있어요. "저녁에 보자"는 말도 그래요. 언제부터가 '저녁'인지 애매합니다. 우리가 일상에서는 그런 말을 이해하는 데 어려움이 없었어요. 평소에 분초를 다투는 삶을 살지 않았기 때문입니다.

정확한 시간 개념은 근대에 들어서면서 강조됐어요. 특히 군대와 공장이 그랬습니다. 군대는 몇 월 며칠 몇 분 몇 초에 공격을 개시한다는 명령이 떨어지죠. 시간을 지키는 것이 굉장히 중요합니다. 공장에서도 작업을 표준화하고 효율성을 높이려면 시간 엄수가 필수예요. 노동자들이 시간관념이 투철하지 않으면 생산성이 떨어집니다. 이걸 학교에서 가르친 거예요. 따라서 근대 학교는 자본주의 사회에 필요한 노동자를 양성하는 기관이기도 했습니다.

학교는 근대 이후 '가족의 탄생'과도 관련이 있습니다. 학교에 다니는 시기를 보통 아동기와 청소년기라고 하죠. 그런데 근대 이전에는 아동 혹은 청소년이라는 개념이 없었습니다. 필립 아레이스의 『아동의 탄생』(2003년)이란 책에 보면 잘 나와 있는데요. 그전에 서양에선 어린이 개념이 없었다고 해요. 그러다가 17세기부터 어른과 다른 집단으로 인식되기 시작합니다. 부르주아지들이 아이들에게 어린이 옷을 입히기 시작해요. 그전에는 그냥 작은 치수의 어른 옷을 입었어요. 어린이 집단을 따로 인식하기 시작한 겁니다. 그러면서 가족의 형태도 많이 바뀌죠. 우리나라도 그렇고 봉건 시대는 대가족 사회였어요. 개별 부부와 아이들이 하나의 단위를 이루는 게 아니라, 큰 공동체 속에서 살아갔던 셈이죠.

서양은 17세기부터 나와 내 아이 중심의 소가족이 형성됩니다. 그러면서 집의 구조도 바뀌어요. 거실 같은 가족 중심 공간이 생기고요. 개인의 공간, 사생활이나 프라이버시 같은 것들이 중요시됩니다. 그러면서 오늘날 자본주의 사회의 근간을 이루는 가족과 학교가 탄생합니다. 커다란 공동체에서 가족 중심으로 분화하는 과정은 인류사에서 커다란 의미가 있어요.

자, 이렇게 어린이와 청소년이라는 개념이 생기고 그들이 새로운 집단을 구성하면서 독특한 또래 문화가 생깁니다. 그러자 기성세대는 그들에게 '아이다움'을 요구합니다. 규율을 강제하는 거예요. 학교가 이러한 사회적 역할을 하게 됩니다. 학교가 기득권의 이해관계를 반영하게 되는 거예요.

한편으론 자본주의가 계속해서 발전하면서 사회에 변화가 생깁니다. 계급이 분화하면서 소수 자본가와 다수 노동자로 나뉘게 돼요. 수많은 사람이 저임금과 중노동에 시달립니다. 그러자 노동자들이 들고 일어서죠. 힘없는 사람들, 착취당하고 억눌려 지내야 하는 사람들의 권리를 요구하기 시작합니다. 이들의 정치적 목소리가 커지면서 인권과 민주주의가 성장하죠. 그 결과 아동 노동이 금지되고 노동자의 휴식과 적당한 노동 시간이 법으로 정해집니다. 교육에도 이런 경향이 반영됩니다. 자본가들은 고분고분한 노동자들을 원하겠지만, 노동자

입장에서는 인간답게 살 권리가 있는 거예요. 학교는 이제 자기 권리를 올바로 행사하도록 돕는 민주 시민의 양성 기관 역할을 요구받습니다. 탄생 배경에는 기득권 세력의 입맛에 맞는 사람을 만들려는 의도가 있었지만, 시대가 변하면서 민주적 질서와 가치를 가르쳐야 한다는 목소리가 힘을 얻었기 때문입니다. 그런 덕분에 학교가 지배 계급의 체제 유지 수단으로 추락하지 않게 된 거예요. 학교 교육에는 이런 두 가지 측면이 있는 거예요.

천황의 신민을 육성하라

우리나라 학교는 아직도 규율을 중시합니다. 일제 강점기부터 유지되어 온 군사 문화 때문입니다. 초등학교에 들어가면 '앞으로나란히'부터 배우죠? 초보적인 군사 훈련인 동시에 규율을 몸에 익히는 방식입니다.

역사적으로 오랜 시간 군사 정권에 의해서 군사주의, 국가주의, 반공주의가 득세했고, 그런 교육을 받은 사람들은 말 잘 듣는 노동자로 성장했습니다. 그러다가 1980년대 이후 민주화가 되면서 많은 변화가 있었습니다. 학교가 숨 쉴 수 있는 공간이 되기도 했지만 그것도 잠시였고, 1997년 말 외환 위기 사태 이후 신자유주의가 밀려들면서 우리 사회는 각 부문에서 경쟁이 강화되었죠.

한국이 세계에서 굉장히 부유한 나라로 성장했습니다만, 지구 상에서 청소년 자살률이 제일 높은 나라이기도 합니다. 이유가 뭔가요? 바로 성적 때문입니다. 예전에 〈행복은 성적순이 아니잖아요〉(1989년)라는 영화가 있었죠. 많은 사람이 공감했습니다. 하지만 지금은 달라졌어요. 겉으로 말은 안 해도 '행복이 성적순'이라는 걸 잘 알고 있습니다. 한국의 학교는 입시 전사(戰士)를 길러 내는 공간으로 변했어요. 전인 교육과 민주 시민 육성이라는 학교의 가치는 무시되고 있습니다.

왜 이렇게 되었을까요? 여기에 대한 답을 알려면 우리나라 학교의 역사를 살펴봐야 합니다. 앞서 살펴본 서양의 경우와는 달라요. 역사적 특수성이 있습니다.

한국의 근대는 여러모로 어려운 상황에서 시작되었습니다. 19세기 말이 되면 서양으로부터 도전이랄까, 제국주의 침략이 시작되고 이에 대응하는 한편 서양의 선진 문물을 받아들여야 하는 입장이 되지요. 국내 여론도 분분했습니다. 그때 한국의 완고한 선비들처럼 완고하게 유교적 가르침을 고수하는 사람도 있었지만 과감하게 서양 문물을 받아들여야 한다고 생각한 쪽도 있었습니다. 바로 개화론자라고 하지요. 이들은 백성들을 교육시키고자 고향 시골 마을에 학교를 세웁니다. 처음에는 소규모였어요. 초가집에 학교 간판을 걸고 동네 사람을 모아 가르치기 시작했습니다. 당시 국가에서 학교를 세우기는 했지만 몇 개 안 되는 상황이었어요.

그러다가 한일 강제병합이 이루어지자 일제가 이들을 탄압합니다.

대부분 민족주의적인 관점에서 조선 독립을 위해 세운 학교였거든요. 일제가 보기에 교육 내용이 맘에 안 들었던 겁니다. 여러 가지 이유, 예컨대 시설 미달이라는 식으로 학교 문을 닫게 해요. 조선 교육령을 통해서 사립학교에 대한 규제를 강화합니다. 이 법에 따르면 시골에 있는 작은 학교는 유지가 어렵습니다. 민족 교육을 말살하려는 조치였어요. 그러면서 한편으론 자기들이 원하는 교육을 펼칠 기관을 세웁니다. 특히 1930년대 말 1940년대 초에 이런 경향은 심해집니다. 조선 사람을 일본 군인으로 만들어야 했기 때문입니다. 다른 제국주의 국가는 식민지 백성을 데려다가 군인으로 삼는 걸 피했어요. 아무래도 충성도가 떨어질 거 아니에요. 그런데 일제는 조선에서 그렇게 했습니다. 수많은 사람을 징병해 가요. 교육을 통해 조선인을 동화시킬 수 있다고 생각했던 거예요.

1931년 일본은 만주 사변을 일으킵니다. 1937년에는 중국 본토를 쳐들어가 중일 전쟁을 일으키죠. 급기야 1941년 미국에 선전 포고를 했습니다. 당시 일본에서는 이를 두고 '대동아 전쟁'이라고 했지요. 일본은 이제 만주, 중국, 미국, 동남아시아와 전쟁을 치릅니다. 전쟁 규모가 커지자 그만큼 군대도 키워야 했어요. 전쟁 말기 일본의 병력은 600~700만 명에 이르렀습니다. 지금 한국군의 10배 정도 되는 숫자예요. 조그만 섬나라에서 어떻게 그렇게 많은 군인을 만들었겠어요. 일본 본토의 젊은 사람들은 대부분 군대에 가고, 부족한 사람은 조선에서 끌고 간 겁니다. 처음에는 지원병을 받다가 1944년부터는 징병

▲ 제복 입은 교사에 의한 '황국신민교육' 모습.

제가 시행됩니다.

그런데 조선 사람을 군대에 끌고 나가려다 보니까 애로 사항이 많은 거예요. 말도 안 통하고 잘 알아듣지도 못하고. 예컨대 시골에서 농사만 짓던 젊은 청년이 일본 군대에서 잘 적응할 수 있을까요. 차려, 열 중쉬어 같은 군대 용어는 물론 모를 테고요. 적이 출현했다고 소리쳐도 그게 무슨 소린가 싶었을 겁니다. 제식 훈련도 처음일 테고 총도 난생 처음 본 거겠죠. 사정이 이러니 일제 입장에서 쓸모가 있을 턱이 없습니다. 최소한 일본말과 군대식 규율을 가르쳐야 했습니다. 그걸 학교에서 한 거예요. 나이 든 사람도 데려다가 교육을 시킵니다. 열서너

두 번째 강의
근대 학교의 역사

65

살은 물론 심지어 애까지 있는 사람도 학교에 갔습니다. 학교가 군인을 키워내기 위해 세워진 것이지요.

일제는 국민학교에 '속성반'을 만들어 조선 청년들을 가르쳤습니다. 일찌감치 가르쳐서 전쟁터로 끌고 가려는 심산이었어요. 1, 2년 가르치고는 군대에 끌고 갔습니다. 또 청년단을 만들어서 군사 훈련을 시켰습니다. 그때부터 폭력 문화가 학교에 뿌리 깊이 박히기 시작해요.

제가 가르치는 과목 중에 '군대와 사회'라는 게 있어요. 수업을 하다가 군대 다니면서 한 대도 안 맞았다는 학생이 있어서 깜짝 놀란 적이 있습니다. 그만큼 세상이 바뀐 거죠. 그런데 학교는 여전해 보입니다. 학생 체벌 얘기가 간간이 뉴스에 나오는 거 보면 아직도 바뀌지 않은 거 같아요. 언젠가 신문에서 보니 학교 체벌을 비판하면서 "요즘은 군대도 안 때리는데"라는 제목을 단 기사도 있었어요. 해방 후에도 일제의 잔재가 그대로 남아 지금까지 이어 오는 겁니다.

아무튼, 그렇게 전쟁을 향해 치닫던 일제는 결국 패망합니다. 그리고 우리는 해방을 맞게 되지요. 그때 학교는 어떻게 되었느냐. 학생은 그대로인데 일본인 선생들이 전부 다 일본으로 돌아갑니다. 가르칠 사람이 없는 거예요. 요즘은 초등학교 선생님 되기 어렵죠? 해방 직후에는 무척 쉬웠습니다. 일본인 선생이 빠져나간 자리를 채워야 하는데 사람이 부족하잖아요. 그래서 자격 조건을 엄격하게 따지지 않았습니다. 사범학교 안 나와도 되는 경우가 많았어요.

그때 선생님들이 제일 힘들었던 것이 한글 교육이었다고 해요. 배운

적이 없었으니까요. 1930년대 초반까지는 학교에서 한글을 가르쳤습니다. 그때 국어는 일본어이고 국사는 일본사였지만 따로 조선어를 가르쳤던 거예요. 그러다가 나중엔 '국어 상용'이라 해서 조선말을 가르치지도 못하게 하고 쓰지도 못하게 했습니다. 과목만 없어진 것이 아니라 학교에서 조선말을 하면 벌을 받았어요. 그러니 해방 후에 새로 교사가 된 젊은 선생님들이 우리말을 가르치기가 쉽지 않았던 거죠.

당시 교재를 보면 일제가 학생 개개인을 세밀하게 통제했다는 사실을 알 수 있습니다. 예컨대 학교에서의 행동 요령 같은 것들이 구체적으로 규정되어 있어요. "선생님을 만나면 몇십 미터 앞에서 90도 각도로 경례한다"는 식입니다. 그 멀리서 어떻게 알아볼 수 있을지는 궁금하지만 말이죠. 교실 복도에서 통행하는 법, 밥 먹는 법, 화장실에서 볼일 보는 법까지 나와 있습니다. 물론 하지 말아야 할 행동도 규정되어 있고요. 그러면서 "훌륭한 일본인이 되려면 천황폐하께 충성하고 부모님께 효도해야 한다"는 점을 강조하고 있습니다.

무한 경쟁 시스템의 확산

일제의 국가주의·군사주의 교육은 해방 이후 도입된 미국식 민주주의 교육과 충돌합니다. 가르치는 내용은 민주주의인데 운영하는 사람의 사고방식은 여전히 일제식인 거예요. 해방 이후 1950년대까지 그랬

습니다. 친일파를 권력 기반으로 독재를 자행했던 이승만 정권은 어쩔 수 없이 학교에서 민주주의를 가르쳐요. 당시 원조국이던 미국식 교육을 받아들여야 했기 때문입니다. 그러다 학생들이 독재 정권 타도를 위해 들고 일어섭니다. 바로 1960년 4·19 혁명이지요. 현실에서는 인권을 탄압하고 반민주적인 행동을 하는데 학교에서는 민주주의를 가르친단 말이에요. 그런 괴리가 1950년대에 특히 심했습니다.

여러분, 1960년 2·28 학생 의거의 직접적인 이유가 무언지 아세요? 당시 대구에서 민주당 대통령 후보 연설이 열릴 예정이었는데 교육 당국에서 유세장에 못 가도록 막았어요. 일요일에도 학생들을 등교시켜 시험도 보고 그랬습니다. 그러니 학생들이 화가 많이 났죠. 대구에서 1000명이 넘는 학생들이 항의 시위를 벌입니다. 이 2·28 의거가 나중에 4·19까지 이어지는 거예요. 그 당시 고등학생들은 정치의식이 상당히 높았습니다. 사회적으로도 성인 대접을 했고요. 만일 4·19 혁명 뒤에 민주 정부가 성공적으로 정착했으면 학교의 모습도 지금과 많이 달랐을 거예요.

안타깝게도 이승만 독재가 물러간 자리를 박정희가 차지합니다. 그러면서 학교 내의 군사 교육은 오히려 강화되지요. 교육 방식만 그런 게 아니라 실제로 군사 수업을 했어요. 1980년대까지도 학교마다 '교련'이라는 과목이 있었습니다. 수업 시간에 남학생들은 총검술, 여학생들은 구호법 같은 걸 배웠어요. 이걸 거부한 사람은 국가로부터 처벌을 받았습니다.

▲ 1975년 6·25전쟁 25주년을 맞아 여의도광장에서 열린 교련 합동사열 모습.
서울시내 148개 남녀고교 학생 대표 4만 3000명이 참석했다.

이러한 분위기는 1990년대 후반 민주 정부가 들어서면서부터 달라
지기 시작합니다. 그 사이 한국 사회는 아주 빠르게 변했죠. 88올림픽
을 치르고 한국 경제는 고도성장을 거듭합니다. 민주화가 되고 나서
국민 소득이 많이 올라갔어요. 한편 자녀의 수는 줄었습니다. 한 가정
에서 한 자녀를 둔 집이 많아지면서 학생 수는 줄고 교육과 문화 수준
은 높아집니다.

민주 정부가 들어서면서 학교에 이러한 시대적 변화가 반영됩니다.
학교 과밀화를 해소하고 학급당 학생 수가 줄어들었죠. 학생들의 인권

의식이 높아지고 폭력과 체벌이 줄어듭니다. 그전만 해도 선생님이 얼마나 무서웠어요. 학교마다 꼭 '미친개'라는 별명을 가진 선생님이 있어서 아이들을 두들겨 패기 일쑤였죠. 인성 교육을 내세웠지만 사실은 사고 예방이었던 거예요. 일제 강점기 때부터 이어진 관행은 더 이상 설 자리를 잃게 돼요. 학생들은 물론 부모의 의식도 변했기 때문입니다. 학교의 폭력적 통제 시스템이 일정 부분 무력화됩니다. 민주주의와 인권이 중요한 가치로 떠오르게 되지요. 그러나 한편으론 신자유주의적 경쟁 체제가 가속화되면서 이에 따른 여러 문제가 생깁니다.

요즘 학교의 급훈은 "무조건 이기고 보자"죠. 정의, 진리 같은 건 잊혀진 지 오랩니다. 한창 꿈을 키워갈 나이에 새벽부터 밤늦게까지 입시에 '올인'합니다. 인생에서 가장 빛나는 시기를 불안과 패배감으로 낭비하고 있어요. 미래의 행복을 위해서 오늘의 행복을 희생시키고 있습니다. 학교 분위기가 그렇게 변했어요. 그런 과정에 적응하지 못한 아이들은 학교를 떠납니다. 학교도 다른 선택을 하는 아이들에 대한 배려가 없고요. 학교가 교육을 포기하고 자퇴를 권유하는 경우가 많아요.

이런 분위기에서 수업이 제대로 될 리 없습니다. 제가 고등학교에 가서 강연도 해 봤는데요, 선생님들과 얘기하다 보면 무척 심각해요. 제가 학교 다닐 때도 공부하기 싫으면 책상에 엎드려 자는 학생들이 더러 있었습니다. 하지만 그 수가 많지는 않았어요. 기껏해야 뒷자리에 앉은 한두 명 정도가 그랬고 그들이 수업 분위기를 해치거나 하지는 않았습니다. 지금은 한 반의 절반이 수업 시간에 잔대요. 입시에 필요가 없거나, 그 과목을 포기했거나, 어차피 학원 가서 또 배울 거라는 이유랍니다. 여기에는 과중한 학습 부담도 한몫하는 거 같습니다. 배울 게 너무 많은 거예요. 게다가 어렵기까지 합니다.

미국에 유학을 가면 'GRE'라는 시험을 봐요. 일종의 대학원 입학 자격 테스트 같은 거죠. 당연히 영어 시험이 제일 어렵습니다. 그런데 수학 시험은 아주 쉬워요. 중학교 2학년 수준이랄까. 자존심이 상할 정도로 말이죠. 그만큼 우리나라가 어려운 걸 가르친다는 얘깁니다. 그래서 학업 성취도가 세계 다른 나라들과 비교했을 때 상당히 높아요. 반면 학업에 대한 흥미도는 바닥입니다. 배우기 싫은 걸 억지로 배운다는 얘기예요.

2000년대 말 보수적인 정부가 들어서면서 경쟁은 더욱 치열해집니다. 교육 정책 자체에다 신자유주의를 적극 반영해요. 신자유주의란 '무한 경쟁'이라고 생각하면 됩니다. 교육이 역주행하니까 학생들로서는 숨 막히는 거예요. 잠을 잘 수밖에 없습니다. (웃음)

한국은 청소년들이 살기에 가장 나쁜 나라가 되었어요. 이전의 학교는 폭력적이었지만 그래도 숨 쉴 공간이 있었습니다. 얻어맞아도 친구가 있었고 꼴찌를 해도 마음을 알아주는 선생님이 있었습니다. 지금은 이런 끈끈함이랄까 인간적인 교감 같은 게 없어요. 오로지 경쟁, 점수입니다. 친구들이 잠재적 경쟁자가 된 지는 아주 오래고요. 물질적으로는 풍요로워졌을지 몰라도 정신적으로는 아주 힘든 시기를 우리 청

소년들이 보내고 있는 거예요. 성적 때문에 이렇게 많은 아이들이 자살하는 나라가 또 있는지 모르겠어요.

자, 그렇다면 방법은 없는 걸까요? 어떻게 하면 이 '저주받은 시스템'을 극복할 수 있을까요? 제도적인 개선도 있을 수 있고 지금 당장 실현 가능한 방법을 고민할 수 있겠지만, 저는 무엇보다 여러분에게 '기억'을 말하고 싶어요. 기성세대가 노력해서 풀 수도 있지만, 당사자인 여러분이 가장 큰 힘이 될 수 있기 때문입니다. 여러분이 사회에 진출하거나 대학에 간 다음에도 지금의 학교를 기억해 달라는 거예요. "이제 됐어, 지긋지긋한 곳에서 탈출했으니 나와는 상관없는 일이야." 이러면 발전은 없어요. 여러분 우리나라 군대 문제가 왜 해결이 안 되는지 아십니까? 그렇게 힘들어하고 고민하다가도 제대하고 나면 '남의 일'이에요. 관심이 없어집니다.

우리나라 학교 문제도 마찬가지예요. 청소년기에는 진지하게 고민하다가 대학교에 가면 '스펙' 쌓느라 정신없습니다. 그러다 취직하고 결혼해서 아이를 낳으면 다시 학교에 관심을 두게 돼요. 당장 내 아이가 다녀야 하니까요. 문제는 내가 학교 다니면서 겪었던 문제를 내 아이도 똑같이 겪어야 한다는 거예요. 이는 개인에게만 해당하는 얘기가 아닙니다. 한 사회가 반복적으로 같은 문제를 겪음에도 개선되지 않은 데는 이런 이유가 있는 거예요.

시스템에서 어떻게 살아남을지 고민할 게 아니라, 시스템 자체를 어떻게 바꿀 건지 고민해야 합니다. 안타깝게도 지금으로서는 백약이 무효하다고 생각합니다. 입시 제도가 이대로 유지되는 한 교육 개혁, 꿈과 낭만이 숨 쉬는 학교는 그야말로 꿈에 불과하죠. 하지만 여러분이라면 다를 수 있어요. 바로 지금, 이 순간을 기억한다면 말이죠.

세 번째 강의

입시의 역사

신분제 사회와 과거 제도

　저도 여러분처럼 청소년기에 입시 때문에 고생했습니다만, 지금까지도 여전히 이 문제가 해결되지 않고 있다는 건 참으로 불행한 일입니다. 한국에서 청소년으로 살아간다는 게 그만큼 힘든 일이라는 이야기이기도 하고요.

　한국이 세계적으로 자살률이 높다는 것은 이제 누구나 알고 있는 상식이 됐습니다. 그중에서도 청소년 자살이 가장 심각하죠. 질풍노도의 시기로 불릴 만큼 불안정하고 예민한 시기이긴 합니다만, 유독 우리나라 청소년 자살률이 높은 건 아무래도 살인적인 입시 경쟁 때문이 아닌가 합니다. 실제로 성적을 비관해서 자살하는 친구들이 얼마나 많아요. 매년 수능 시험 끝나면 들려오는 슬픈 소식들이 수십 년째 계속되고 있는 것만 봐도 우리가 '입시 지옥'에서 살고 있는 것은 확실합니다.

도대체 왜 이렇게 입시문제가 심각한 걸까요. 우리 역사 속에서 그 원인을 찾아 보도록 하겠습니다.

과거에 우리나라는 신분제 사회였습니다. '신분'이라는 건 태어날 때 정해지는 거잖아요. 어느 집안에서 어느 부모에게 태어났느냐가 그 사람의 신분을 결정합니다. 아무리 노력해도 바꿀 수가 없어요. 사람이 살다 보면 능력을 발휘해서 여러 가지 성취를 이룰 수 있잖아요. 능력 본위의 사회라면 그런 걸 인정하고 적절한 보상을 하겠지만, 신분제 사회에서는 불가능합니다. 아무리 머리가 좋아도 한 번 노비는 영원한 노비니까요.

대표적인 신분 제도로 신라 시대의 골품(骨品)제라는 게 있습니다. 여기서 '골'은 '뼈'를 뜻합니다. '품'은 '등급'이란 의미이고요. 우리가 '한우 1등급'이라고 할 때처럼 뼈에다 등급을 매긴 거예요. (웃음) 그런 사회에서는 부모를 잘 만나야 합니다. 부모가 다 성골이면 나도 성골이 되는데, 어느 한 쪽이 진골이다. 그러면 나도 진골로 한 등급 떨어집니다. 그런 식으로 성골 – 진골 – 6두품 – 5두품… 쭉 이어져요. 성골이야 좋겠지만 나머지 '뼈'들은 기분이 나쁘겠죠. 요즘으로 치면 회사에서 아무리 열심히 일해도 "1두품은 대리까지만, 3두품은 과장까지, 6두품은 부장까지 진급이 가능하다"는 제한이 있는 거예요. 능력 있는 사람들로서는 살맛 안 나는 사회였을 거예요.

골품제에서는 혈연으로 연결된 소수 집단이 사회를 운영했습니다.

그런데 사회가 발전하다 보니까 이런 제도가 한계에 부딪힙니다. 나라를 유지하려면 국방, 재정, 교육, 외교 등 다방면에서 일할 사람들이 있어야 하는데 이걸 한집안 출신들이 어떻게 다 하겠어요. 결국은 밖에서 구할 수밖에 없습니다. 그래서 등장한 게 '과거 제도'입니다.

신라 시대 때 '독서삼품과'라고 해서 과거 제도가 처음으로 도입됩니다. 당시 당나라 유학생이던 최치원이 신라도 과거 제도를 도입해 "능력 있는 사람들을 천하에서 구하자"는 주장을 펴지요.

태어나면서 정해진 대로 사는 신분제 사회에서 과거 제도는 신분 상승의 기회가 됩니다. 왕으로서는 인재를 등용하니 좋은 일이지만 귀족 입장에서 보면 짜증 나는 일입니다. 자기들이 차지할 좋은 자리가 줄어들잖아요. 그래서 귀족들은 외부 인재를 뽑되, 승진에 제한을 두려고 했습니다. 지금으로 치면 "외부 인사는 국장급까지만 뽑는다. 아니면 차관급까지만 뽑는다." 이런 식으로요. 그런데 왕의 힘이 강해지면서 그런 제한도 깨집니다. 당시 중국과 한국을 비교했을 때 왕의 권한이 중국 쪽이 강했잖아요. 한국은 귀족들과 갈등이 심했지요. 그러다 강력한 왕권이 확립된 조선 시대에 이르러 과거 제도가 정착됩니다.

조선 시대 과거 제도는 크게 문과와 무과, 잡과가 있었습니다. 문과라는 것이 지금으로 치면 사법고시와 행정고시와 외무고시를 합쳐 놓은 시험이라고 보면 되겠어요. '무과'는 말 그대로 무예를 겨루는 시험이었습니다. 이 두 가지가 가장 큰 시험이었고요. 하급 관리, 그러니까 중간 전문 기술 관료를 뽑는 시험으로 잡과가 있었습니다. 법률 전문가를 뽑는 율과, 회계 전문가를 뽑는 산과, 그리고 통역가를 뽑는 역과 등이 여기에 속합니다. '잡과'라는 명칭은 이런 기술 시험을 '잡스럽다'고 해서 붙인 이름이에요. 조선이 유교 중심 사회였기 때문입니다. 과거도 문과가 중심이었습니다. 문과는 다시 주요 관직을 뽑는 '대과'와 그렇지 않은 '소과'로 나뉘었습니다. 옛날 사극에 보면 '생원'하고 '진사'라는 게 있죠? 바로 '소과'에 합격한 사람들을 일컫는 말이었습니다.

당시 문과가 경쟁률이 어느 정도였느냐면, 고작 서른세 명을 뽑았어요. 그것도 3년마다. 인구가 지금보다 적었다는 걸 감안해도 그 문턱이 얼마나 높았는지 짐작하고도 남죠. 그런데 이건 정기 시험 이야기고 사실은 그보다 두 배쯤 되는 인원을 부정기 시험을 통해 뽑았습니다. 그렇게 해서 조선 역사 500년 동안 과거에 합격한 사람이 총 1만 5000명쯤 됩니다. 정기 시험으로 뽑는 인원이 더 많았던 중국과 달랐던 점입니다.

부정기 시험은 서울에 사는 특권층 귀족들에게 유리했어요. 왜냐하면 정기 시험은 날짜가 딱 잡혀 있지만 부정기 시험은 그렇지 않잖아요. 응시자로선 언제 시험이 있을지 알 수 없습니다. 지금처럼 TV나 라디오, 인터넷 같은 매체가 없는 시절입니다. 모르고 넘어가는 사람들이 많았다는 겁니다. 운이 좋아서 시험 사실을 알게 되었다고 하더라도 지역에 있는 사람들은 제시간에 도착하기가 어렵습니다. 지금은 교통수단이 발달해서 광주나 부산에서도 서너 시간이면 서울에 도착

▲ 시권. 조선 시대 과거 응시자들이 제출한 답안지 혹은 채점지. 시지 또는 명지라고도 한다.

하지만, 그때야 어디 그랬나요. 그래서 부정기 시험은 주로 서울에 사는 양반들이 볼 수 있었습니다. 일종의 지역 차별이었던 셈이에요. 경쟁이 치열하다 보니 부정행위도 많았습니다. 그 옛날에 채점을 컴퓨터로 했겠습니까? 일일이 붓으로 종이에다 썼잖아요. 필체가 고스란히 드러납니다. 누가 누군지 안다는 얘기예요. 시험관하고 짜서 특별한 표식을 하거나 해서 합격하는 경우도 있었어요.

중국은 이러한 부정행위에 매우 엄격했습니다. 기록에 의하면 명나라 때 한 번 과거에 부정이 있었다고 합니다. 시험관이 부정한 방법을 통해 자기네 집안사람을 뽑았는데 황제에게 발각됩니다. 결국 시험관과 과거에 합격한 사람 모두 처형을 당해요. 그리곤 다시 처음부터 시험을 봅니다. 무효라 이거죠. 그러니까 어때요? 감히 부정을 저지를 엄두가 났겠어요. 중국에서 과거 시험은 황제의 권한을 상징했기 때문에 이런 처분에 누구도 토를 달지 못했습니다. 그만큼 특권 세력이 과거를 통해 요직을 독점하기가 어려웠지요.

반면에 조선에서는 양반의 특권화가 진행되면서 왕권이 점점 약해집니다. 부정행위도 빈번하게 생기고 특정 집안이 독식하는 사례가 생겨요. 조선에는 이른바 '명문 가문'이 있었어요. 예컨대 고등학교 교과서에 "가노라 삼각산아 다시 보자 한강수야." 하는 시조가 실려 있지요. 이걸 쓴 사람이 김상헌입니다. 형은 김상용으로 두 사람 다 정승을 지냈지요. 그런데 병자호란이 나자 형은 강화도에서 자결하고 동생은 청나라로 압송됩니다. 그때 지은 시조가 바로 "가노라 삼각산"입니다. 언제 다시 올 줄 모르는 조국 산천을 보면서 지은 시조지요. 그런데 이 집안 자손 중에 과거 급제자가 100명이 넘게 나와요. 자손들이 줄줄이 벼슬길에 오릅니다. 안동 김씨 세도 가문이 바로 이 자손들이에요.

능력 본위라고는 하지만 공부라는 게 유전적인 요인도 있죠? 부모가 공부를 잘했으면 자식도 그럴 확률이 높죠. 집안 분위기라든가 환경 같은 요인들도 작용합니다. 부모 형제가 글공부하는 집안에서 태어난 아이는 당연히 어려서부터 책을 보게 되겠죠. 사회 경제적 지위가 높은 집안이면 좋은 선생님을 초빙해서 배울 수도 있고요.

원래 과거 시험을 보는 이유가 "천하의 인재를 널리" 구하기 위해서잖아요. 공정하게 시험을 쳐서 관직을 뽑으면 계속 새로운 인재들이 공급되겠죠. 특권층이 세력화하는 것을 자연스럽게 막아 주는 역할을 합니다. 조선의 과거 제도도 마찬가지였습니다. 그러다 나중에는 이게 제 역할을 못 하게 돼요. 후기로 갈수록 특권층들이 과거 시험을 통해 정부 요직을 차지하게 됩니다.

조선 사회는 들여다볼수록 재미있습니다. 건국 초기의 법과 제도로만 보면 조선 시대는, 지금으로 말하면 진보적이랄까? 아주 혁신적인 사회였어요. 법제상으로 조선은 '양천제'였어요. 양인과 천민으로 구성되어 있었죠. 신분 간 장벽도 높아서 천민은 절대로 양인이 될 수 없었습니다. 과거도 볼 수 없고, 무예도 익혀선 안 돼요. 백정, 노비, 광대, 승려, 기생, 점치는 사람, 기타 등등이 여기에 속했습니다. 그런데 조선 시대가 어떤 면에서 진보적이었느냐면, 일단 천민이 아닌 사람은 양반이건 평민이건 동등했어요. 교육을 받으면 과거를 볼 수 있었고요. 그래서 일반 평민의 자제들, 농사짓는 사람들의 자식들도 시험을 볼 수 있었습니다. 문제는 그게 현실적으로 어려웠다는 것이죠.

오로지 글공부만 해도 될까 말까 한 시험을 농사일까지 하면서 준비하기란 어려웠으니까요. 과거를 보려면 시험 준비에 매진할 여건이 되어야 했습니다. 그렇다고 부잣집 자제들만 과거에 합격했던 것은 아닙니다. 기록에 보면 나와 있어요. 당시 과거 급제자 1만 5000명의 명단이 지금도 잘 보존되어 있습니다. 거기에는 직계 3대에 대한 기록도 있어서 이를 통해 집안 배경을 알 수 있는데, 조선 초기에는 그동안 벼슬이 없는 집안 출신들이 많았어요. 상당히 열린 사회였던 거예요. 그런데 후기로 갈수록 이런 건강성이 사라지게 됩니다.

지금 우리 사회에 "공교육이 붕괴됐다"거나 "학교가 죽었다"는 이야기가 많이 나오죠. 실망한 사람들이 해외로 조기 유학을 떠납니다. 이런 현상이 불거진 게 아마 1990년대 후반쯤일 거예요. 그전에는 외국에서 공부한다는 건 아예 꿈도 못 꿨어요. 당시 우리나라는 외화가 부족했기 때문에, 외국으로 돈을 보내야 하는 유학을 통제했어요. 국비 장학생이 아니면 외국에 나가기 어려웠습니다. 지금은 돈만 있으면 가능합니다. 한국에서 치열한 입시 경쟁을 하느니 외국에 가서 좋은 교육을 받자고 생각하는 사람들도 있고, 가서 일찌감치 '스펙'을 쌓자는 사람들도 있습니다. 이유는 다르지만 지금의 한국의 교육을 믿지 못한다는 점에선 같습니다. 제가 이런 말씀을 드린 이유는 "무너진 공교육"이 비단 오늘날의 현상만은 아니기 때문입니다.

고려 시대에 최충이 개경에 '문헌공도'를 설립합니다. 지금으로 치면 사립학교죠. 여기에 사람들이 몰리자 개경에만 11개의 사학이 추가로 세워집니다. 이를 '12공도'라고 부른다고 역사 시간에 배웠을 거예요. 당시 국립 교육 기관인 국자감이 있었습니다만, 이들 사학이 더 인기였습니다.

조선 시대의 국립 교육 기관으로 중앙에 성균관이, 지방에는 향교가 있었습니다. 향교가 지금으로 치면 고등 교육 기관인데, 시골에 가면 군마다 하나씩 있었어요. 지금도 그 흔적이 남아 있습니다. 가양동에 가면 지하철역 이름이 '양천향교'예요. 예전 향교 자리가 있는 지역이라서 그런 이름이 붙었습니다.

향교에서는 평민과 양반이 같이 공부했어요. 조선 초기만 해도 양반이 특권 계급이 아니었거든요. 여러분 혹시 '양반'이라는 말이 어디에서 왔는지 아세요? 경복궁에 근정전 앞에 가보면 가운데 통로처럼 품

계석이라고 돌이 두 줄로 늘어서 있죠. 거기 보면 정일품, 종일품, 정이품, 종이품…, 이런 식으로 쓰여 있습니다. 동쪽에 있는 것을 '동반', 또는 '문반'이라고 하고, 서쪽에 있는 것을 '서반', '무반'이라고 불렀어요. 이걸 합쳐서 '양반'이라고 불렀습니다. '문무 두 집단의 관료'라는 뜻이에요. 원래 '벼슬'을 뜻하다가 나중에 벼슬아치와 그 자손을 일컫는 말이 되었습니다. 그러니까 조선 초기에 '양반'이라는 말은 '현직 관료'를 뜻했어요. 따라서 평민이라도 과거 시험만 합격하면 누구나 '양반'이 될 수 있었습니다.

조선은 교육을 숭상했습니다. 세종대왕이 문자를 만들었죠. 훈민정음 서문에 그 취지가 잘 나와 있습니다. "나라말이 중국과 달라서 어린

▲ 청도향교 명륜당. 조선 선조 1년(1568년)에 고령동에 세웠던 것을
영조 10년(1734년)에 경북 청도군 화양읍에 옮겨 지었다. 화양향교라고도 부른다.

백성이 자기가 말하고 싶은 것이 있어도 그 뜻을 펴지 못하는 사람들이 많다. 그래서 새로 문자를 만들었다"고 하잖아요. 한글 창제는 위대한 업적입니다. 지구 상에 수많은 문자가 존재하지만 어떻게 만들어졌는지 알 수 있는 것은 한글밖에 없어요. 훈민정음은 굉장히 과학적으로 만들어진 문자입니다. 그걸 만든 이유가 바로 "백성을 가르치기 위해서"였던 거예요.

국가가 교육을 장려했기 때문에 학생들에게 특권을 줬어요. 예컨대 향교에서 공부하면 병역을 면제해 줬어요. 지금으로 치면 학생은 군대에 안 가도 된다는 얘기예요. 당시 병역은 지금과 차이가 있었어요. 지금이야 스무 살에 군대 가서 2년가량 복무하면 끝나지만, 조선 시대 병역은 15살에 시작해서 60살이 되어야 끝납니다. 그걸 빼 줬던 거예요. 당연히 사람들이 향교로 몰리죠. 웬만큼 사회적 지위가 되는 사람들, 월사금도 내고 농사 안 지어도 먹고살 수 있는 사람들이 향교로 몰립니다.

여러분이 직접 가 보시면 알겠지만 향교는 그리 크지 않아요. 겨우 기와집 몇 채 있어요. 큰 방도 몇 개 없고 대청마루 정도 있습니다. 한 30~40명 들어가도 꽉 찰 거예요. 그런데 기록을 보면 1000명, 2000명 되는 사람들이 적을 둔 향교들이 많았어요. 면학 분위기가 제대로 잡힐 리 없겠죠.

우리 속담 중에 "낫 놓고 기역 자도 모른다"는 말이 있죠. 한자로는 '목불식정'(目不識丁)이라고 해요. '정'이라는 글자를 알아보지 못한다는 뜻입니다. 여기서 '정'은 '고무래 정(丁)' 자로 한 일(一)자 다음으로 간단한 한자죠. 한 일 자 밑에 줄 하나 그은 모양새입니다. 당시 향교 학생 중에 '목불식정'인 사람들이 많았어요. 그만큼 공부를 안 했다는 얘기예요. 군대 면제받으려고 등록한 사람들이 많았거든요.

그래서 점점 특권층이 되어가던 양반들은 자식들을 향교에 보내지 않았습니다. 따로 모여서 공부하기 시작해요. 바로 '서원'입니다. 조선 후기에 가면 서원이 늘어난다는 내용을 역사책에서 보았을 거예요. 그 말은 곧 당시 공교육이 붕괴하고 사교육이 팽창했다는 이야기입니다. 양반이 특권층화하면서 자기들끼리 서원을 세우고, 거기서 인맥을 만들어요. 결혼도 하고 벼슬도 나눠 먹고 그러면서 기득권을 공고히 합니다.

여러분, 조선 시대 당쟁에 대해 배웠죠? 중국에서는 당쟁이 없었어요. 왕조가 자주 바뀌면서 특권층이 오래 유지되지 않았기 때문이에요. 우리는 왕조가 한 번 세워지면 기본이 500년이잖아요. 조선 500년, 고려 500년, 신라 1000년…. 그런데 중국은 대략 200~300년에 한 번씩 갈립니다. 한족이 지배하다가 만리장성 너머에서 북방 민족이 들어오죠. 다시 한족이 몰아냈다가 또 다른 민족이 왕족을 세웠다가 하는 식으로 엎치락뒤치락합니다. 그러면서 특권 계급도 싹 바뀌었어요.

조선 시대 초기는 상당히 열린 사회였다, 양반도 평민과 다름없었다고 말씀드렸었죠. 그러다 후기에 들어서면서 점차 특권 계급화됩니다. 그 수단이 바로 '교육'이었던 거예요. 자기들끼리 사학을 세우고 따로 공부하면서 과거 시험을 특권 양반들이 독점하기 시작합니다. 조선 후기로 가면 과거 시험에 유명한 집 자식들이 많이 붙습니다. 그래서 이때부터 "몇 대를 이어서 과거 급제를 했다"는 말이 나오죠. 양반이라고 해서 똑같은 양반이 아닙니다. 어떤 집안은 10대가 넘도록 한 번도 과거에 급제하지 못해서 벼슬을 살지 못하고 평민과 다름없이 사는데, 몇몇 집안은 대대로 과거에 합격해요. 그런 집안은 당연히 특권층화되겠죠. 그런데 문제는 이런 집안이 한 두 군데가 아니라는 거예요. 나중에는 특권층화된 집안들끼리 권력 다툼을 벌입니다. 그게 바로 당쟁의 원천이에요.

특권층이 된 양반들이 동인과 서인으로 갈라져서 싸우다가 다시 각각 둘로 나뉘죠. 동인은 남인과 북인으로, 서인은 노론과 소론으로, 그렇게 네 파로 나뉘어 당쟁을 벌여요. 100년 넘게 그러다가 결국 노론이 독식하게 됩니다. 그중에서도 안동 김씨, 풍양 조씨, 여흥 민씨 같은 유력 가문들이 권력을 차지해요. 조선이 그러다 망한 겁니다.

그래서 처음에는 굉장히 열린 사회, 신분 이동이 가능한 사회였는데 시간이 지나면서 특정 권력층이 생기고 역동성이 떨어집니다. 저는 그 비슷한 현상이 지금 한국에서 일어나고 있지 않은지 우려가 돼요.

개화기가 되면 교육을 통해서 나라를 구하려는 움직임이 생깁니다. 뜻있는 사람들이 "아는 것이 힘이다"를 기치로 내걸면서 신식 학교를 세워요. 서양에서 새로운 학문이 들어오고 사회의 가치나 기준, 운용 방법이 달라지면서 학교도 바뀝니다. 그때 우리나라 사람들이 정말 공부를 열심히 했습니다. 그전부터 공부는 세상을 구하는 수단이었잖아요. "수신제가 치국평천하"(修身齊家 治國平天下)라는 말 잘 아시죠. 자기를 닦아서, 즉 공부해서 집안을 다스리고, 나라를 다스리고 천하를 평정한다. 그런 목표를 가지고 공부를 했습니다. 그런데 어떻게 됐어요? 일본에 의해 나라가 강제로 병합당하지요. 식민지 지배를 받게 됩니다. 구할 나라가 없어진 거예요. 공적인 목표를 추구할 수 없게 된 겁니다. 그래서 일제 강점기부터는 공부의 목표가 개인의 출세, 그리고 '가문의 영광'으로 바뀝니다. '어차피 나라도 망한 마당에 집안이나 일으켜 보자.' 이렇게 되는 거예요.

일제 강점기 때도 입시 학원이 있었어요. 그때에도 중·고등학교나 전문학교에 가려고 재수하는 사람들이 있었습니다. 고등 교육 기관일수록 경쟁이 치열했죠. 제가 헌책방에 잘 다니는데 간혹 1920년대에 나온 진학 시험 문제집, 학원 교재 같은 게 나와요. 개인적으로 친척분 중에도 그 당시에 재수를 했다는 얘길 들은 적이 있습니다.

일제 초기에는 대학교가 없었습니다. 조선인은 고등 교육을 시킬 필요가 없다면서 설립 자체를 안 했습니다. 그러자 국내에서 '민립대학 건립운동'이 일어납니다. 일제가 안 하면 우리가 직접 하겠다는 거예요. 운동이 일어나니까 일제는 부랴부랴 '제국대학'을 세웠어요. 일본의 도쿄, 교토, 규슈 등 주요 도시에 있던 걸 서울에도 세웁니다. 그것이 바로 '경성제국대학'이예요. 지금 서울대학교의 전신이죠. 1924년도에 경성제국대학이 출범했는데, 입학시험이 굉장히 어려웠습니다.

학생의 절대다수는 조선에 와 있는 일본인이었고요. 조선인을 받아 주 긴 받아 줬는데, 그것도 민립대학 운동이 벌어지니까 시늉만 낸 것이 었어요. 그래서 더욱 경쟁이 치열했습니다.

대입보다 어려웠던 중입 시험

대학 입학시험이 지금처럼 엄청난 열기를 보인 건 1950년 한국 전쟁 때도 마찬가지였습니다. 그때는 대학생이 되면 전선에 안 내보냈어요. 한창 전쟁 중인데 군대에 안 가도 되니 기를 쓰고 시험을 보는 거예요. 다들 대학으로, 대학으로 몰렸습니다. 그런데 학교 자체가 부족했습니다. 국립대학 이름 보세요. 경북대, 전남대, 충남대…. 한 도에 하나씩 이잖아요. 가고자 하는 사람은 많은데 대학은 없고, 그러다 보니 사립 이 우후죽순 들어섭니다. 관리가 제대로 안 되니까 등록금이 비싸지고 비리가 생기고, 그런 문제들이 생기는 겁니다.

대학만 그런 게 아닙니다. 예전엔 중학교 들어가기가 대학교 가기보다 훨씬 어려웠어요. 이해가 가시나요? (웃음) 1960년대만 해도 지금의 '고3병'을 능가하는 '국6병'이라는 게 있었습니다. 밤에 잠도 못 자고 중학교 입학시험을 준비합니다. 소위 명문 중학교에 가기 위해 과외도 받아요. 아이들이 못 견뎌 가출하기도 했죠. 경쟁이 과열되면서 '무즙 파동'이라는 유명한 사건이 생깁니다.

사연은 이렇습니다. 1964년도 중학교 입학시험에 "엿을 만드는 과정에서 엿기름 대신에 넣어도 좋은 것은 무엇인가?" 하는 문제가 나와요. 출제 위원회에서 밝힌 정답은 1번 '디아스타제'입니다. 그런데 보기 중에 '무즙'이 있었는데 이걸 선택한 학생들이 많았거든요. 이들이 거세게 항의합니다. 당시 교과서에 보면 침과 무즙에도 디아스타제가 들어 있다고 나와 있거든요. 틀린 답이 아니라는 거죠. 성난 학부모들이 무즙으로 엿을 만들어 왔어요. (웃음) 법적 공방으로 이어지다가 결국 무즙도 정답으로 인정합니다. 이런 식으로 계속 부작용이 생기자 정부는 1969년도에 중학교 입시를 폐지합니다. 무시험 입학제를 발표하지요. 추첨을 통해서 학교에 배정받습니다. 당시 물레처럼 생긴 추첨기를 학생이 직접 좌우로 돌려요. 소위 '뺑뺑이'를 돌린 거예요. 그래서 지금도 '뺑뺑이'는 평준화를 지칭하는 말로 쓰이고 있습니다.

잘 아시다시피 우리나라는 교육열이 아주 높습니다. 긍정적인 면도 있어요. 해방 이후 분단이 되고 전쟁으로 온 나라가 폐허가 되었습니다. 그때 한국은 세계에서 가장 가난한 나라 중 하나였어요. 그로부터 60년 만에, 겨우 두 세대가 지나서 세계 10위권의 강대국으로 부상할 수 있었던 이유는 뭘까요? 많은 학자들은 '교육열'을 꼽습니다. 우리가 정말 열심히 가르치고 열심히 공부했습니다. 가난한 집에서도, 정말 밥을 굶어 가면서 가르쳤어요. 그 과정에서 희생도 컸습니다. 여러분 친척들께 물어보세요. 큰오빠, 큰형 공부시키려고 학교에 안 가고 공장에 취직하거나, 버스 차장을 하거나 식모살이를 하거나, 그런 이

▲ 1967년 중학교 입시 현장.

야기가 한두 개씩은 꼭 나올 겁니다. 특히 우리나라 여성들에게는 그런 사연이 많아요. 한국이 단시간에 발전할 수 있었다는 밝은 면 뒤에 이런 희생이 있었음은 누구도 부인할 수 없는 사실입니다.

지금 한국의 '입시 전쟁'은 지구 상 그 어떤 나라보다 치열합니다. 서양에서 옛날 중국의 과거 제도를 다룬 유명한 책이 있는데, 제목이 'Examination Hell'이에요. 시험 지옥이라는 겁니다. 그런데 이것도 오늘날 한국에 비하면 애교에 불과해요. 왜 그럴까요? 이유는 간단합니다. 경쟁이 훨씬 더 치열하기 때문이에요. 우리도 조선 시대에 과거 시험을 봤죠. 그런데 그때만 해도 국민의 절반 가까운 천민들은 시험 볼 자격이 없었잖아요. 나머지 양반과 평민들이 경쟁했습니다. 그중에서도 평민은 먹고사느라 힘들었고 양반들끼리 경쟁했다고 봐야죠. 조선 시대에 글 읽는 선비, 과거 시험을 볼 만한 사람이 몇 명이나 됐을까요. 정확히 알 수는 없지만 지금 대입 시험을 보는 숫자에 비하면 비교도 안 될 정도로 적었을 겁니다. 제가 시험을 볼 당시만 해도 30만 명 수준이었습니다. 요즘은 두 배가 넘죠. 대략 60만 명 정도가 대입 시험을 봐요. 그러다 보니 이러저러한 부작용이 생깁니다.

그중 하나가 한국 사회에 다양성이 사라진다는 것이죠. 공부 잘하는 것만 최고인가요? 누구는 음식을 잘 만들 수 있고, 누구는 운동을 잘할 수 있잖아요. 김연아는 피겨스케이팅으로 세계 최고가 되었습니다. 그래도 대학에 가요. 인기 연예인들도 수능을 치고 입학을 합니다. 이미 사회적으로 성공한 많은 사람들이 졸업장을 따기 위해 대학으로 향하는 이유가 뭘까요? 우리 사회가 그만큼 학벌 위주라는 겁니다. 어느 한 분야에서 최고가 되기까지 많은 노력이 필요하잖아요. 그걸 인정하지 않는 겁니다. 오로지 공부, 대학을 통해 평가받습니다. 저희 때는 책을 읽으면 부모님께 야단을 맞았어요. 하라는 공부는 안 하고 소설 나부랭이나 읽는다고 말이죠. 아마 지구 상에서 문학 작품 읽는다고 혼나는 나라는 우리가 유일할 겁니다.

사람은 저마다 고유한 가치가 있습니다. 다양한 사람들이 저마다 개성을 가지고 살아가는 게 바로 인간 사회예요. 그런데 그러한 다양성을 일체 무시하고 오로지 국어, 영어, 수학으로만 평가하잖아요. 1등부터 전국 꼴찌까지 줄을 세웁니다. 학교끼리도 서열을 매기죠. 한때 개그콘서트에서 유행하던 "일등만 기억하는 더러운 세상"이 된 겁니다. 이런 식으로 서열화된 사회에서는 일등을 제외한 나머지 모두가 열등감에 시달릴 수밖에 없습니다.

지금까지도 입시 지옥이 계속 유지되고 있는 데는 아래로부터의 힘과 위로부터의 힘이 작용합니다. 그중 하나는 신분 상승을 해 보겠다는 아주 당연한 소망이에요. 예전에는 공부하는 데 돈이 안 들었잖아요. 책만 있으면 됐고, 그리고 그 책은 헌책방 가서 사도 되고, 선배들한테 얻어서 봐도 되었죠. 가난해도 의지가 있고 열심히만 하면 명문 학교에 진학할 수 있었습니다. 사회 상층부로 진입할 기회가 주어지는 거예요. 지금은, 물론 완전히 불가능한 것은 아니지만 말도 못하게 어려워졌죠.

이런 계층 상승 욕구와 함께 입시 지옥을 지탱하는 또 하나의 힘이 바로 현실을 유지하고자 하는 상층부의 욕구입니다. 교육을 통해서 기득권을 유지하겠다는 거예요. 가령 아버지가 비정규직 노동자거나 일용직이라면 어때요, 그런 집에서 고액 과외 할 수 있나요? 애들 학원비 대는 것도 사실은 힘들겠죠. 대치동 학원에서 족집게 과외를 받는 학생과 제대로 경쟁이 될 리가 없습니다. 이런 식으로 돈 많은 집 자식들이 유리한 구조로 간다면 어떻게 되겠어요? 입시를 통한 신분 이동이 사실상 불가능해지겠죠. 좋은 직업을 갖고 잘사는 사람들은 계속 잘살고 그렇지 못한 사람들은 계속 가난할 수밖에 없습니다. '금수저' 물고 나오지 않은 사람들에겐 우리나라가 '헬조선', '흙수저'란 참담한 말도 생겨났잖아요.

제가 학교 다닐 때만 해도 서울대학생 중에 반은 가난한 집 자식들이었어요. 3분의 1쯤은 중산층이고 나머지는 그럭저럭 사는 집들이었습니다. 옷차림도 지금과는 달랐어요. 꾀죄죄하고 촌스럽다고 할까요. 시골에서 막 올라온 티가 났습니다. 그런데 지금은 명문대에 진학하는 학생 중 서울 강남 3구 거주자 비율이 갈수록 높아지고 있다는 얘기가 나오잖아요. 그만큼 입시를 통한 계층 이동이 어렵다는 얘기입니다.

전두환 정권의 과외 금지 조치

대학 입시는 아닙니다만, 어쨌든 시험을 봐서 출세한 대표적인 예가 노무현 전 대통령이에요. 이분은 집안이 어려워서 대학을 못 갔어요. 상고를 갔지만 본인이 열심히 노력해서 사법고시에 합격합니다. 변호사가 되고 국회의원이 되지요. 그러다 장관도 하고 결국 한 나라의 대통령이 됩니다. 그야말로 "개천에서 용 난" 경우죠. 시험 제도라는 것이 사회에 역동성을 불어넣는 측면이 분명히 있어요. 그래서 나이 드신 분 중에는 그 시절에 대한 향수가 있습니다.

노무현 대통령이 선거 유세 때 "못사는 것도 서글픈데, 학벌까지 대물림되어서야 되겠습니까. 권력과 재산, 사회적 계층이 세습되는 사회는, 정의로운 사회가 아닙니다"라고 외쳤어요. 젊은이들이 열광하면서 노무현을 찍었습니다. 노무현은 대통령에 당선되었지만, 개혁에 실패했어요. 이 연설을 한 것이 2002년인데 개혁은 실패했고, 이 연설하고 딱 7년 뒤에 부엉이바위에서 몸을 던져야 했습니다. 그리고 6~7년 지나니 '헬조선', '흙수저'의 세상이 되어 버렸습니다. '헬조선', '흙수저'가 하늘에서 뚝 떨어진 것이 아닙니다. 부모의 학벌, 재산, 권력, 사회적 지위가 대물림되지 않는 새로운 사회, 새로운 역사를 만들어 보자는 개혁이 실패한 자리에 들어선 것이 '헬조선', '흙수저'입니다. 1980년도가 되면 '교육 개혁'이란 말이 생깁니다. 이걸 누가 했느냐, 바로 광주 학살의 주역인 전두환이에요. 수십 년 전 이야기입니다만 당시만 해도 분위기가 살벌했습니다. 사람들이 끔찍하게 죽었잖아요. 왜 죽었을까요? 저도 정말 알고 싶어요. 전두환 본인에게 찾아가서 물어보고 싶을 정도인데, 아마도 정권을 잡기 위해서였겠죠. 사람들도 그 사실을 잘 알고 있었습니다. 대놓고 말은 못 해도 속으로는 '정권 잡으려고 사람 죽인 나쁜 놈!' 그랬습니다. 전두환도 그걸 잘 알죠. 아무리 총과 칼을 휘둘러도 그걸로 민심을 얻을 수는 없으니까요. 그래서 재래시장 가서 떡볶이도 사 먹고, 어묵도 사 먹고, 하면서 나름 노력을 했습니다. 지금 정치인들보다 훨씬 잘했어요. 신문에 사진도 나오고 방송도 하고 그랬습니다. 그런데 이걸로는 뭔가 부족한 거예요. 화끈하게, 국민 지지를 받을 뭔가가 필요했습니다. 그래서 생각해 낸 게 바로 '과외 금지'였어요. 이걸 공식적으로 1980년 7월 30일에 공표합니다. 5월 18일을 기점으로 시작한 광주 항쟁이 무력으로 진압된 게 5월 27일이에요. 그리곤 8월 15일 최규하 대통령을 끌어내리고 자기가 그 자리에 앉죠. 이걸 위한 사전 준비 작업으로 7월 30일, 그러니까 광주가 진압되고 딱 두 달 후, 대통령에 오르기 한 열흘 전이었어요. 그때 '과외 금지'를 들고 나온 겁니다. 당시로선 아주 획기적인 조치였습니다.

그 덕을 지금의 '386세대'*가 많이 봤죠. 가난한 집 자식들이 명문대학에 많이 갔습니다. 〈한겨레〉 권복기 기자가 "전두환 정권이 그리운 단 한가지"라는 칼럼도 썼지요.** 저는 '386 세대'가 비판받는 중요한 이유가 과외 금지와 같은 교육 정책의 혜택을 받은 세대들이 사회 주도 세력이 되자 거꾸로 가난한 사람들이 좋은 대학에 가기 어렵게 만들어 놨기 때문이 아닌가 생각합니다. 이젠 개천에서 용이 안 나잖아요. 대신 양재천하고 탄천에서만 난답니다. (웃음) 대치동 학원가는 불황이 없습니다. 여기는 밤 10시가 넘어가면 교통 체증이 생깁니다. 부모들이 학원 끝난 애들 데리러 오는 거예요.

그런데 당시 그런 정책이 어떻게 가능했을까요? 수많은 과외 선생이나 학원에서는 왜 반발을 못 했을까요? 무서워서 그런 거예요. 광주에서 사람 죽는 거 봤잖아요. 피 묻은 손으로 과외를 금지시킨 거예요. 그래서 당시 유일하게 할 수 있었던 사교육이란 게 '도둑 과외'였습니다. 그러다가 걸리면 부모는 직장에서 잘리고, 대학생 과외 선생은 제적당하고 그랬습니다.

그전에 우리나라 과외가 얼마나 심했는지 잠깐 말씀을 드리죠. 우리가 일제 강점기를 거치고 해방이 되면서 교육 욕구가 폭발적으로 늘어납니다. 그런데 막상 갈 학교가 없어요. 그런 데다가 전쟁통에는 어땠느냐면 대학에 등록하면 군대에 안 갔어요. 지금도 대학생 징집 연기 제도가 있지만 거의 이용을 안 하죠. 안 가고 남아 봐야 취직도 안 되고 하니까 아예, 1·2학년 마치면 다들 군대에 갑니다. 그래서 여학생들은 남학생 입학 동기들하고 계속 못 다녀요. 대신 복학한 '아저씨들'과 같이 다니죠. 사실은 '오빠'인데 군대 갔다 오면 이상하게 '아저씨'가 됩

---

*   1990년대에 만들어진 신조어로 '30대, 80년대 학번, 60년대 생'을 지칭한다.

**   '한겨레프리즘: 전두환 정권이 그리운 단 한가지', 한겨레 2007년 6월 28일자.

세 번째 강의
입시의 역사

니다. 군대 물이 들면 사람들이 태도가 바뀌어요. 오죽하면 개그의 소재가 되겠어요. 아무튼 전쟁통에 군대에 안 갈 수 있다는 건 상당한 특혜였습니다. 그래서 그야말로 죽기 살기로 대학을 가려고 했지요.

전쟁이 끝나고 불안정한 평화가 찾아옵니다. 모든 것이 폐허가 된 그때 베이비붐이 시작됩니다. 어느 나라나 마찬가지인데, 사람들이 달리 할 것이 없으니까 애만 낳아요. 굉장히 슬픈 이야기죠. 인간이 종족을 유지하려는 그런 본능에서 그랬는지 아무튼 그때 인구가 엄청나게 늘었습니다. 여러분 혹시 '58년 개띠'라고 들어 봤어요? 우스갯소리로 팔자가 험한 사람들을 빗대서 쓰는 말입니다. 그런데 실제로 베이비붐 세대 중에서도 1958년생이 제일 많아요. 전쟁이 1953년도에 끝났잖아요? 이후 10년 정도를 베이비붐 시기로 보는데 그 정점에서 태어난 사람들인 거예요. 인구가 급속히 늘어나니까 학생 수도 급증합니다. 이들이 학교에 들어갈 때가 되니까 교실 수가 턱없이 부족해집니다. 한 반에 100명이 넘는 경우도 많았어요. 그래서 오전, 오후로 나눠서 수업을 하기도 했습니다. 당연히 상급 학교 진학을 위한 경쟁이 치열해지지요. 지금은 중학교가 의무 교육이지만 예전에는 시험을 쳤어요.

당시 남자는 경기중학, 여자는 경기여중을 최고로 쳤습니다. 경기중학에 가면 명문고였던 경기고등학교는 아주 쉽게 갈 수 있었어요. 같은 학교 진학이라고 해서 시험을 보긴 보는데, 90퍼센트 이상 다 합격을 했습니다. 그런 식이었기 때문에 고등학교 입학시험은 크게 부담이 안 되는데, 중학교 입학시험과 대학교 입학시험, 이 두 번의 시험은 경쟁이 아주 치열했습니다.

　그래서 나온 말이 '치맛바람'이에요. 그때는 엄마들이 양장이 아니라 다 한복을 입고 다녔어요. 바지가 아니라 한복 치마였으니 다닐 때마다 바람이 일어요. 엄마들이 학교 쫓아다니고 아이들 과외 시키고 하는 걸 풍자해서 '치맛바람'이라고 한 겁니다. 그때는 초등학생들이 밤늦도록 과외하고 그랬어요. 중입 시험에 대한 이상 열풍이 사회 문제가 될 정도였습니다.

　앞서 말씀드렸듯이, 시험 문제를 가지고 재판까지 가는 사건도 있었고 부작용이 엄청나니까 중학교 입학시험을 없앴어요.

　어쨌든 정부의 조치 덕분에 나이 어린 학생들이 입시에서 해방됐죠. 그런데 시간이 지나자 또 다른 문제가 생깁니다. 이번에는 고등학교 입시가 또 치열해진 거예요. 박정희가 이번엔 고등학교 입시를 없앱니다. 전국 연합고사로 바뀌었죠. 고등학교도 '뺑뺑이'가 됐어요. 입시 대신 추첨제를 했습니다. 결국 중학교, 고등학교 입시가 없어지고 대학교 입학시험만 남은 거예요. 그전에는 웬만한 고등학교에 가면 대학교 가기가 쉬웠습니다. 옛날 경기고등학교 한 학년이 700명인데, 그중 400~500명이 서울대학교에 가요. 반에서 중간만 해도 서울대학교에 갔다는 얘기예요. 일단 들어가면 대충 공부해도 되는 분위기였습니다. 그러다 보니까 대학 입학시험도 치열하지가 않았죠. 그러다 중학교 입시, 고등학교 입시가 없어지니까 어때요. 대입 단판 승부가 된 거죠. 그게 지금까지 이어지고 있는 겁니다.

당시 한국은 고도성장기였어요. 1976~77년 무렵에 '중동 특수'라는 게 생깁니다. 그전 1973~74년에 중동 전쟁이 일어나면서 기름값이 엄청나게 올라갔어요. '오일 쇼크'가 있었습니다. 그러면서 중동 지역에 달러가 많이 들어갔죠. 그 돈으로 집도 짓고 도로도 넓히면서 한국 기업들이 많이 진출하게 됩니다. 건설사들이 그때 돈을 무척 많이 벌었죠. 국내에도 돈이 많이 풀리는데 그 돈이 어디로 가느냐, 바로 과외 시장으로 몰립니다. 고급 과외도 많이 생기고 전체적으로 값이 많이 올라가요. 사회 문제가 됩니다.

전두환이 과외 금지를 시킨 게 바로 그 무렵이에요. 그러니까 사람들한테 먹혔죠. 잘한 일이라고들 했습니다. 물론 불만들도 많았습니다. 대학 입시 자체가 문제인데 이건 안 건드리고 과외만 힘으로 막은 거거든요. 결국 전두환 정권이 물러나면서 금지 조치도 해제됩니다.

한편 경제적으로는 한국은 계속 성장합니다. 1980년대 중반부터 '3저 호황'*을 누립니다. 이때는 이미 해방 후에 공부로 신분 상승을 이룬 사람들이 사회 각 분야에 자리를 잡았을 때예요. 자기 아버지는 농사꾼이었는데, 혹은 남의 집 머슴이었는데, 공부 잘해서 변호사도 의사도 되고 고위 관료도 됩니다. 한번 해보니까 좋거든요. 그걸 자식들에게까지 물려주고 싶어합니다. "개천에서 난 용"들이 축적한 부와 지위를 아들딸들에게 쏟아붓기 시작합니다.

----

*   저유가·저금리·저달러로 수출이 크게 늘어난 현상.

사회 개혁을 가로막는 입시 제도

이처럼 입시 경쟁의 역사는 아주 오래되었습니다. 그동안 부작용도 많았고 그래서 정부가 바뀔 때마다 입시 제도도 바뀌었습니다. 시험의 난이도를 둘러싸고 논쟁도 많았습니다. 시험이 쉬워도 문제, 어려워도 문제였죠. 좋은 대학이나 고액 과외를 할 수 있는 여건이 되는 집에서는 난이도가 높을수록 좋고요. 그래야 변별력이 있으니까. 하지만 그러면 학교에서 배운 것만 가지고는 좋은 점수를 받기 어렵잖아요. 여론이 좋지 않을 수밖에 없죠. 가난한 집 아이들도 열심히 하면 얼마든지 높은 점수를 얻을 수 있게 하자는 얘기가 나옵니다. 그럼 또 어느 해는 문제가 쉬워지고요. 왔다갔다해요. 난이도만 놓고도 이런데 입시 제도 자체는 오죽하겠어요. 거의 해마다 제도가 바뀝니다.

한국 사회에서 그나마 계층 이동의 유일한 통로라는 걸 누구나 다 알고 있기 때문에 정부에서도 이런 기능을 유지하고자 하는 거예요. 자꾸 바뀌는 이유는 강남의 학원 같은 데서 '구멍'을 발견하지 못하도록 하기 위한 측면도 있습니다. 일단 제도가 바뀌면 어떻게 하면 유리할지 파악하느라 시간을 보내게 되죠. 1, 2년 지나면 방법을 찾고 학원에서 강남 아이들을 끌어모읍니다. 통계를 보면 알 수 있습니다. 가령 강남 아이들은 평균적으로 입시 제도가 바뀐 첫해에 비해 이듬해, 그 다음 해 진학률이 갈수록 높아진다고 해요. 그래서 여론을 살펴야 하는 정부 입장에서는 또다시 입시 제도를 바꿀 수밖에 없다는 겁니다.

한국을 이만큼 이끈 원동력인 교육열이 오늘날에는 엄청난 국가적 에너지를 소모하고 있는 거예요.

우리가 이제는 한발 물러나서 교육열과 입시 제도라는 것에 대해서 냉정하게 따져볼 때가 됐습니다. 저는 입시 제도가 한국 사회의 보수화를 이끌고 있다는 생각도 들어요. 과거에는 북한의 군사적 위협이 원인이었죠. 군사 독재 밑에서 숨죽여 살았던 이유도 거기에 있습니다. 걸핏하면 북한이 쳐들어온다고 겁을 줬으니까요. 제대로 항의도 못 했어요.

오늘날엔 그 자리를 입시 제도가 대신하고 있는 거 같아요. 모두가 잘못되었다는 걸 알면서도 바꾸려고 하지 않습니다. 외려 그 안에서 살아남으려고 애를 쓰죠. 누군가 빚을 내서라도 과외를 시킨다, 이러면 나도 질 수 없다면서 온갖 희생을 감수하고서라도 그 경쟁의 대열에 끼어듭니다. 우리나라 사교육비가 세계 최고인 건 이미 오래된 일이잖아요. 다른 데 쓰는 돈은 줄여도 애들 학원비는 유지합니다. 그런데 결과적으로 어때요? 너나없이 과외를 하니 특별히 효과가 없습니다. 다 똑같아지는 거죠. 요즘은 내 자식 공부 더 잘 시키려고 학원 보내는 게 아니라 남보다 뒤처질까 봐 보냅니다.

교육은 개인이 떠맡아서 할 게 아니라 기본적으로 국가가 해야 합니다. 잘못된 입시 제도를 개혁하고 공교육 시스템을 살려야 해요. 획일화된 입시로 가능성을 평가받는 대신 누구나 사회의 각 부문에서 자기 재능을 펼칠 기회를 얻을 수 있어야 해요. 그게 사회 전체로서도 이익입니다. 세상이 의사, 변호사, 판검사로 이루어지는 건 아니잖아요. 누구나 다 아는 얘기예요. 다만, 그렇다고 해서 나만 손해 볼 수는 없지 않으냐 하는 심정인 거예요. 그래서 다들 이 말도 안 되는 시스템이 유지되고 있는 겁니다.

여러분의 부모님도 마찬가지일 거예요. 대학이 인생의 다가 아니다, 우리 아이는 이런 비인간적인 경쟁 시스템에 밀어 넣고 싶지 않다고 생각하는 분들도 정작 대학 입시를 포기하기란 쉽지 않습니다. 어떻게든 자식들이 살아남기를 바라면서 부모로서 최대한의 뒷바라지를 하고 있는 거예요.

모순 덩어리라는 걸 알면서도 시스템 자체를 부정하지 못합니다. 그나마 대한민국에 존재하는 '공평한 시스템'이라고 생각하기 때문이에요. 우리나라에 부정부패가 얼마나 많습니까. 거기에 비하면 입시는 깨끗한 편이라는 거예요. 물론 그동안 입시 부정 사건들이 없었던 건 아닙니다. 간혹 예체능 분야에서 면접이나 실기 부정 사례들이 언론에 보도됐습니다만, 예외적인 상황이고요. 적어도 대학 입시는 국가가 공정하게 관리하는 것이 기본이었습니다. 그러다 보니까 국민들이 입시 제도가 공정한 경쟁이라는 '착각'을 합니다.

왜 착각이냐? 시험 보고 채점하고 평가하는 과정 자체는 그럴 수 있어요. 형식상 그렇다는 거예요. 하지만 내용적으로도 그렇습니까? 아까 말씀드렸다시피, 더 이상 "개천에서 용 나오는" 경우는 드물어요. 사교육이 범람하고 고액 과외가 성행합니다. 공교육이 거의 붕괴하다시피한 상황에서 시험만 공정하게 관리한다고 해서 그게 정말 공정한 경쟁일까요?

입시가 공정하다는 믿음은 사회의 보수화를 부추깁니다. 기득권자들이 이 제도를 통해 정당성을 획득하게 되거든요. 부잣집 아이들이, 과외 열심히 해서 서울대학교에 갑니다. 졸업하고 좋은 직업을 얻게 되죠. 부와 권력을 독점합니다. 사람들이 항의하면 "그러게 공부 좀 하지." 해요. 자기들은 정당하고 공정한 경쟁에서 이겼다는 거예요. 그러니 자기들 몫에 이의를 제기하지 말라는 거지요. 우리나라 학벌주의 문제 있다, 서울대를 폐지해야 한다, 이런 주장에 대해서도 공부 못 해서 서울대 못 간 아이들이 배 아파서 저런다는 식으로 깔아뭉갭니다. 불만이 있다가도 말문이 막히죠. 대학 입시가 공정하다고 믿기 때문이에요.

일산에 사법연수원이라는 게 있습니다. 거기서 사법시험에 합격한 사람들이 판검사 임용되기 전에 2년 동안 교육을 받아요. 그런데 통근 버스의 상당수가 강남에서 출발한다고 합니다. 신규 임용 판사의 25퍼센트가 특목고* 출신이라는 조사도 있었습니다. 이게 무슨 얘깁니까? 교육이 새로운 신분제 유지의 수단으로 변하고 있다는 얘기입니다.

----

* "특수 분야의 전문적인 교육을 목적으로 하는 고등학교"(초중등교육법시행령 제90조)를 말한다. 과학, 외국어, 예술, 체육 등 전문적인 분야의 전문가를 양성할 목적으로 설립되었으나 점차 입시 기관으로 변질된다. 언론 보도에 의하면 2011년 현재 현직 판사 2607명 중 외고, 과학고, 국제고 등 특목고 출신이 239명으로 9.13퍼센트에 달한다. 또한 신규 임용 판사 중 25퍼센트가 특목고인 외국어고등학교 출신이 차지하는 등 특목고의 법조계 진출을 해마다 급증하고 있다고 있다. (사법부, 명문고 지고 특목고 떠오른다, 시사저널 2011년 5월 2일, 1124호).

우리나라 입시의 '불공정성'을 고스란히 보여 주는 결과죠. 사정이 이러다 보니 사람들이 애가 탑니다. 저러다 우리 자식까지 가난을 대물림하는 거 아닌가, 그나마 중산층에서도 밀리는 거 아닌가, 하고 말이에요. 그래서 일찌감치 사교육을 시작합니다. 여기서도 "빨리빨리"가 적용되는 거예요. 이젠 초등학교 저학년도 늦다는 말이 나옵니다. 그래서 2학년 때 3학년 진도 뽑고 3학년 때 4학년 진도를 뽑습니다. 초등학교 고학년이 되면 중학교 때 배울 걸 미리 공부해요. 먼저 배운다고 공부가 느나요? 전혀 그렇지 않습니다. 교육 과정이라는 게 있잖아요. 학습이라는 게 아이들 발달 과정에 맞춰서 진행되어야 함에도 그런 건 깡그리 무시됩니다. 이른바 선행 학습이라는 거죠. 어쨌든 입시에서 높은 점수를 받는 게 중요하다는 거예요.

학교 수업이 제대로 될 리 없습니다. 원래 교육 과정에 따라서 하나하나 가르치면 애들이 재미없어해요. 이미 학원에서 다 배운 거니까요. 반응이 이러니까 선생님도 힘듭니다. 집중이 안 되는 거예요. 아예 '학원에서 배우겠지,' 하고 대충 넘어가 버립니다. 그러면 학원 안 다니는 애들만 힘들어지는 거예요. 학원에서도 학교에서도 제대로 배울 기회가 없잖아요. 가난한 집 애들, 돈 들여서 선행 학습 못 한 애들은 이런 식으로 일찌감치 경쟁에서 밀리게 됩니다. 불리한 집안 애들은 애초에 포기하고 들어가는 그런 구조예요.

애 키우는 부모님들도 여기에 대한 공포가 있습니다. 그래서 아예 아이를 안 낳아요. 예전엔 가족들이 많았죠. 저만 해도 5남매예요. 동네에 7, 8남매도 흔했습니다. 하도 많이 낳으니까 정부에서 '가족계획'이라는 걸 했죠.

"아들 딸 구별 말고 둘만 낳아 잘 기르자.", "둘도 많다 하나면 충분하다.", "덮어놓고 낳다 보면 거지꼴을 못 면한다." 이런 표어도 있었습니다. 저 고등학교 때 생물 선생님이 "너희 대에는 애 낳으려면 국가 허락을 받아야 할지도 모른다. 기간을 딱 정해서 그때 못 낳으면 인구가 줄 때까지 기다렸다가 다시 신청해야 한다." 이랬습니다. 농담이었겠지만 그만큼 정부의 인구 억제 정책이 강력했다는 거예요. 지금 생각해 보면 참 '호시절'이었던 거죠. 그러다 어느새 '저출산 고령화 국가'가 되었잖아요. 아이를 낳지 않는 데는 여러 이유가 있겠지만 그중 하나가 교육비 부담입니다. 아이 하나 낳아서 대학교까지 보내는 데 몇억 원이 든다, 이런 기사 한 번쯤 읽어 보셨을 거예요.

지금 꼴이 우스워진 게, 특권층들이 자기들에게 유리하게 교육·입시 제도를 바꾸려고 하니까 진보 진영에서 박정희 때 만들어진 평준화를 지키려고 안간힘을 씁니다. 그만큼 입시라는 게 이미 진보와 보수를 떠나서 사회 갈등을 일으키는 첨예한 문제가 된 거예요. 공교육을 흔들고 평준화 깨려는 사람들이 누구일까요? 교육을 기득권 유지의 수단으로 삼고 싶은 사람들이겠죠. 좋은 학교 세워서 자기들끼리만 다니고 싶어합니다. 그러다 좋은 대학을 가고 좋은 직업을 얻고 사회 상층부에서 계속 특권을 누리고 싶어해요. 그들 입장에서 '누구나 동등하게 배워야 하는' 공교육은 불편한 일입니다.

▲ 1972년 보건사회부가 USAID(미국 국제개발처)로부터 사들인 정관 수술 등 가족계획 사업용 특수이동 시술 차량. 1대당 약 2만 달러를 주고 들여온 것으로 가족계획 사업을 위한 특수이동 시술사업은 물론 일반 진료사 업에도 쓰였다.

 하지만 여러분 학교가 공부만 하는 곳입니까? 학교가 가지는 고유 의 가치가 있지 않나요? 학원이야 지식만 주입시키면 끝이지만 학교 는 선생님과 또래 친구들과 만나서 인간관계를 맺는 곳입니다. '전인 교육'이라는 말이 있잖아요. 너무 현실과 동떨어진 얘기라고 생각할지 모르지만, 지금도 여러분의 학교생활이 힘든 건 학교가 고유의 기능을 하지 못하기 때문입니다. 학교 탓만 할 건 아니에요. 여러 가지 사회 문제가 복잡하게 얽혀 있습니다.

 저는 입시 문제가 당장 해결되기 어렵다고 봐요. 역사를 살펴봐도 그렇습니다. 시스템을 바꿔야 하는데 이게 쉽지가 않아요. 끊임없는 경쟁을 멈춰야 합니다. 경쟁자이기를 거부하고 합심해서 다람쥐 쳇바퀴처럼 돌아가는 입시 위주의 교육 제도를 손봐야 해요. 하지만 나만 손해 볼 수는 없는 일이잖아요. 그래서 다들 미친 듯이 거기에 매달려 있는 거고요. 도대체 우리가 지금 무슨 짓을 하고 있는 건지, 한 발짝 떨어져서 바라볼 수 있는 그런 지혜가 필요합니다.

한창 아름답고 소중한 나이의 청소년들이 입시 경쟁에 찌들어 살고 있어요. 안타까운 일입니다. 말이 경쟁이지 수많은 아이들이 제대로 출발대에 서 보지도 못하고 낙오자가 되는 게 현실입니다. 못사는 아이들만 그런 게 아닙니다. 설령 그 경쟁에서 승리했다 하더라도 또 다른 1등이 눈앞에 나타나기 마련입니다. 그런 의미에서 대한민국 사회에서 모두가 '루저'일 수밖에 없어요.

여러분, 장기하라는 가수를 아시나요? 「싸구려 커피」(2008년)라는 노래가 꽤 히트를 쳤죠. 저는 그 노래를 들으면서 젊은 친구가 한국 사회의 루저 의식을 예리하게 포착하고 있는 데 꽤 놀랐습니다. 그런데 알고 보니 이 가수가 강남에서 나고 자라서 서울대에 들어간 '엄친아' 인 거예요. 저는 패배 의식, 열등감, 이런 것들이 결코 경쟁에서 탈락한 사람만의 것이 아니구나 하고 생각했습니다. 그 끝도 없는 경쟁 속에서 살아남은 친구들 역시 거기서 자유로울 수 없었던 겁니다.

여러분, 우리는 지금 어떤 꿈을 꾸어야 할까요? 저는 좀 소박하게 말해 보고 싶습니다. 청소년들이, 젊은이들이 공부하면서 잠도 좀 자고,

숨 쉴 공간도 갖고, 친구와 사귀면서 자기 자신에 대해 생각해 볼 여유도 있는 그런 사회였으면 좋겠어요. 기성세대로서 뚜렷한 대안을 제시해 주지 못해 미안하지만, 적어도 시험이 인생의 전부가 아니라는 생각, 국·영·수 잘하는 게 최고는 아니라는 것 정도만이라도 함께했으면 합니다.

네 번째 강의

두발 규제의 역사

문헌 속 상투의 역사

지금 학생들은 두발 규제가 심하지 않죠. 그전에는 아주 짧게 깎았습니다. 2000년부터 우리나라에서도 두발을 자유화하자는 얘기가 시작됩니다. 그러면서 규제가 상당히 완화되었어요. 이것은 민주화와 관련이 있습니다. 오랫동안 군사 독재 아래 있다가 1998년이 되어서야 본격적으로 민간 정권이 출범하지요. 1993년도에 김영삼 정권이 문민 정부라는 이름으로 들어섰다고는 하지만 군사 독재의 잔재가 많이 남아 있었어요.

민주정권이 들어서면서 군대식 학교를 바꾸는 일을 했습니다. 그러면서 두발 자유화 이야기가 나온 겁니다. 제가 고등학생일 때는 규정이 앞머리 3센티미터였습니다. 우리 아이가 고등학교 다닐 때 보니까

7센티미터더군요. 4센티미터 길어지는 데 30년이 걸렸습니다. (웃음)

여러분, 우리나라에서 두발을 통제하는 곳은 어디일까요? 학교와 군대입니다. 요즘은 감옥에서도 머리를 안 깎습니다. 재소자에게 이발을 강요하는 것은 인권 침해라고 인권위가 판정했어요. 대한민국 감옥 참 많이 좋아졌습니다. 그러다 보니 학생들만 불쌍해지는 거예요. 감옥에서도 안 하는 두발 규제를 당하고 있으니까요. 그깟 머리카락 길이가 대수냐 싶지만 저는 이걸 민주주의의 중요한 상징으로 봅니다. 역사를 살펴보면 금방 이해할 수 있을 거예요.

최근 100년 동안 우리나라 사람들은 머리를 짧게 깎았습니다. 그전에는 깎지 않고 길렀어요. 장가를 가면 상투를 틀었죠. 어른이 되었다는 뜻입니다. 그럼 상투는 언제부터 틀었을까요? 중국의 역사책에 보면 그 얘기가 나옵니다. 『삼국지 위지 동이전』이나 『사기』에 보면 그때부터 우리나라 사람들이 상투를 틀었다고 해요. 2000년도 더 된 책들입니다.

위만조선이라고 들어 봤죠? 위만이 중국 연나라에서 건너왔다고 합니다만, 요즘 학자들은 원래 조선 사람인데 중국 땅에 살다가 건너온 게 아닌가 하고 생각하고 있습니다. 기록을 보면 위만도 상투를 틀었다고 하고요. 『고려도경』이라고 중국 송나라 사람이 쓴 여행기가 있습니다. 고려를 여행하면서 보고 느낀 점을 그림과 함께 설명한 책이에요. 불행하게도 그림은 없어지고 설명만 남아 있는데, 거기에도 고려인들이 상투를 틀었다는 말이 나옵니다.

그러다 고려 말에 원나라가 쳐들어오면서 잠깐 헤어스타일이 바뀝니다. 그때 고려의 상류층은 변발(辮髮)을 했어요. 중국 영화에 보면 사람들이 머리를 반만 밀잖아요, 뒷머리는 땋고. 그게 몽골식이에요. 몽골족이 세운 원나라가 고려를 지배하면서 생긴 풍습입니다. 공민왕 때 원나라의 영향력을 배제하기 시작하면서 다시 상투를 틀기 시작했죠.

동아시아를 보면 한국, 중국, 일본이 각각 헤어스타일이 달랐어요. 일본은 상투를 틀긴 했지만 방식이 우리와 달랐습니다. 이와 관련한 기록이 중국 역사책에 있어요. 임진왜란 때 일본군이 쳐들어왔잖아요. 그때 명나라에서 우리를 도우러 옵니다. 열심히 싸우라고 명나라 장수들이 전과를 올리는 병사에게 상을 내렸는데, 그 증거로 왜군 병사 목을 베어 오게 했습니다. 그런데 명나라 병사들이 상을 받으려고 조선인 머리를 바치는 황당한 일이 자꾸 생겨요. 일부러 죽이기도 하고 민간인 피해자 것을 가져가기도 합니다. 처음엔 속아서 그냥 받아줬는데 나중에는 구별하는 법을 알게 됩니다. 바로 헤어스타일의 차이였어요. 일본은 머리 앞쪽을 밀고 뒤에 상투를 틀었죠. 조선인은 머리카락을 정수리에서 감아올려 묶고 망건을 하거든요. 그래서 망건 자국이 있으면 조선인으로 쳐서 전과를 인정하지 않았다는 기록이 남아 있습니다.

조선 시대에 상투는 기혼자를 의미했습니다. 빠르면 9~10살에 장가를 가기도 했고, 양반가에서는 대략 16세 전후로 장가를 보냈습니다. 평민들은 조금 더 늦게 갔어요. 가난하거나 부모님이 안 계시면 장가도 못 갔습니다. 그러면 어른 대접을 못 받는 거예요. 경우에 따라서는 장가를 안 가도 상투를 틀었다고 해요. 나이가 들어서 수염은 났는데 머리는 치렁치렁 달고 다니는 게 영 보기 안 좋았던 거예요. 그래서 장가 못 간 노총각들도 상투를 틀었는데 그걸 '건상투' 또는 '마른 상투'라고 했습니다.

그렇게 우리나라 사람들은 적어도 2000년 동안 상투를 틀어 왔어요. 그러다 1890년대 말 개화기 때 달라지죠. 외국에 나간 사람 중에 머리를 깎는 사람이 생기고 국내에서도 머리를 깎자는 움직임이 있었어요. 반발도 심했습니다. 조선이 유교 국가잖아요. 충효가 중요한 덕목이었습니다. 그중 효의 중요성을 가르치는 『효경』이라는 책에 "우리의 몸은 부모님에게서 받은 것이니 훼손하지 않는 것이 효의 시작"(身體髮膚 受之父母 不敢毀傷 孝之始也)이라는 유명한 말이 나와요. 여러분 어렸을 때 조금이라도 다치면 부모님이 걱정하시잖아요. 예나 지금이나 맞는 말이죠. 『효경』의 문장도 그런 의미일 겁니다. 그런데 당시에 그걸 글자 그대로 해석해서 머리를 깎으면 불경을 저지르는 것으로 생각했던 것입니다. 말씀드렸듯이 상투가 훨씬 전부터 해오던 풍습이었는데 조선 시대에 들면서 거기에 유교적인 의미가 더해지는 거예요.

1895년 11월 15일 상투를 전근대적인 유물로 생각했던 개화파들이 단발령을 내립니다. 김홍집 내각이 고종의 칙령으로 공포하지요. 정부 각료는 물론 전 국민을 대상으로 하여금 강제로 머리를 깎도록 지시합니다. 명성황후 시해 사건이 있은 지 두 달 만에 전격적으로 이뤄진 조치였습니다.

명성황후 시해 사건과 단발령

　김홍집 내각은 일제가 명성황후 시해 사건을 일으키고 난 뒤 들어선 친일 정권이었습니다. 이들은 조선의 봉건성을 타파하고자 새로운 제도와 법을 도입했어요. 그중엔 좋은 내용도 많았습니다. 하지만 이것이 백성들 눈에 좋게 보일 리 없었습니다. 권력 기반이 약했던 거예요. 반발이 심했는데 그중에서도 가장 격렬했던 것이 바로 단발령입니다.

　고종이 나서서 머리를 짧게 깎습니다. 그리고 백성들도 자르라고 칙령을 내려요. 문제는 이게 권장 사항이 아니었다는 거예요. '단발령'이잖아요. '령'은 국가의 명령이죠. 강제로 집행하는 겁니다. 수천 년 동안 멀쩡하게 길러오던 머리카락을 어느 날 갑자기 자르는 거예요. 백성들이 쉽게 납득할 수 있겠어요?

　경성(서울)에 들어올 때 사대문이 있잖아요. 문지기들이 거기서 눈에 띄는 데로 붙잡아서 머리를 깎아 버려요. 지금은 텔레비전도 있고 라디오도 있고 신문도 있어요. 나라의 정책이 만들어지면 그걸 홍보할 수 있습니다. 당시는 그런 얘길 듣지도 못한 백성들이 많았어요. 그런 상황에서 지나가던 사람이 붙잡혀서 머리카락이 잘리는 겁니다. 상투를 자르면 어떻게 될까요? 봉두난발이 되죠. 지금으로 따지면 폭탄 맞은 머리 꼴입니다. 백성들이 처음엔 놀라다가 점점 분노하고 결국 저항하게 됩니다. 이를 계기로 을미의병이 봉기해요.

　당시 유생이던 황현이 쓴 『매천야록』에 보면 단발령으로 머리카락이 잘린 사람이 통곡하면서 상투를 붙잡고 집으로 돌아갔다는 대목이 있습니다. 하도 단속이 심해서 시장도 열리지 않았다고 해요. 당시 서울은 사대문 안이었단 말이에요. 그 안에서 농사를 짓는 사람은 없었죠. 그러니까 식재료를 밖에서 안으로 가져가야 하는데, 머리 잘린다고 하니까 아무도 가지 않았던 거예요.

당시 양반 중에서 단발령 반대에 앞장선 사람이 면암 최익현이에요. 대표적인 위정척사파였죠. '위정척사'라는 게 뭡니까. '바른 것을 지키고 사악한 것을 배척한다'는 뜻이죠. 이분이 단발령이 내려지자 "내 머리는 자를 수 있어도 내 머리카락은 자를 수 없다"(吾頭可斷 吾髮不可斷)고 선언합니다. 굉장히 세게 얘기했죠. 제가 학교 다닐 때도 강제로 머리카락 자르는 선생님을 피해 도망 다니는 친구들이 있었습니다. 이분 후예들이 꽤 많았던 거예요. (웃음) 머리카락은 금방 다시 자랍니다. 그럼에도 목숨까지 걸면서 저항했던 이유가 뭘까요?

가치관이 유린당했기 때문입니다. 최익현이 지키고자 한 것은 비단 머리카락만이 아니었겠죠. 유교 문화 자체였을 겁니다. 머리카락이 잘린다는 것은 유교적 질서와 가치관을 무너뜨리는 것으로 생각했기에 그토록 강력하게 저항했을 거예요. 오늘날 학생들의 두발 자유화 문제를 이야기할 때 인권 차원에서 접근하는 것도 같은 맥락입니다. 머리를 잘리지 않을 권리야말로 인권 존중의 출발점이 아니겠느냐는 거죠.

단발령이 내려지고 얼마 지나지 않아서 왕이 러시아 공사관으로 피신하는 사건이 일어납니다. 바로 아관파천(俄館播遷)이죠. '아관'은 러

네 번째 강의
두발 규제의 역사

117

시아 공사관이고 '파천'은 왕이 움직였다는 말입니다. 고종은 1년 동안 그곳에서 숨어지내요. 왜냐고요? 말씀드렸다시피 왕비가 일본인의 칼에 죽었잖아요. 한 나라의 왕궁에서 버젓이 일어난 사건이었습니다. 그 얘기는 일본이 마음만 먹었으면 고종도 죽일 수 있었다는 얘기니까요. 신변의 위협을 느낀 겁니다. 제아무리 일본이라도 러시아 공사관은 어쩌지 못할 거로 생각한 겁니다. 공사관은 해당 국가의 영토로 인정해 주는 게 관례잖아요. 러시아 공사관에 쳐들어간다는 건 러시아 땅을 침략한다는 거고 그건 곧 전쟁을 의미하는 것이었으니까요.

당시 러시아 공사관은 서울 정동에 있었습니다. 지금 경향신문사에서 덕수궁 쪽으로 올라오다 보면 종탑만 남아 있어요. 1년 후 고종은 대궐로 돌아와 대한제국의 수립을 선포합니다. 그런데 고종이 돌아온 곳은 경복궁이 아니었습니다. 경복궁을 대원군이 지었잖아요. 새집이란 말이에요. 조선왕궁 중에서 가장 크고 중요한 왕궁입니다. 그런데도 경복궁이 아니라 덕수궁으로 거처를 삼았습니다. 왜? 덕수궁 주변에 영국 공사관이 있고 미국 공사관이 있었으니까요. 나라가 망할 때 우리는 그렇게 불행했습니다.

왕이 몰래 러시아 공사관으로 도망을 가자 단발령을 내렸던 친일 내각이 붕괴합니다. 뒤이어 친러 내각이 조직되지요. 친일 대신들은 죽음을 당합니다. 고종 황제의 상투를 자른 정병하가 죽었죠. 황태자의 상투를 자른 유길준은 도망가서 화를 면하지만 내각 총리였던 김홍집도 성난 군중 손에 죽음을 맞습니다. 그만큼 백성의 분노가 컸던 거예

▲ 한말 대표적인 초상화가 채용신이 그린 74세의 최익현 초상화.
제작연도 1905년.

요. 단발령이 자발적인 선택이었다기보다 외부에 의해 강요된 것이기 때문입니다.

중국은 상황이 우리랑은 달랐어요. 그쪽도 단발을 했습니다만 우리처럼 저항이 거세진 않았어요. 청나라는 당시 집권 세력이었던 만주족 풍습대로 변발을 했습니다. 그런데 중국 전체를 놓고 볼 때 만주족은 소수예요. 전체적으로 55개 민족이 있다고 하는데 그중 한족이 90퍼센트를 차지합니다. 한족 입장에서 보면 단발은 만주족의 지배에서 벗어난다는 의미가 있었습니다.

아무튼 우리나라에서 단발령 초기에는 의병이 일어날 만큼 저항이 거셌지만, 일제 강점기에 들어서면서 자연스레 정착이 됩니다. 여전히 상투를 틀고 머리를 땋고 다니는 사람도 있었지만 단발이 대세였어요. 해 보니까 편하잖아요. 여름에 덥지도 않고 관리하기도 좋고. 전통에 얽매일 수밖에 없었던 여자들은 예전 머리를 하고 다녔습니다.

1940년대가 되면 일본이 태평양 전쟁을 일으키면서 전시 체제로 들어갑니다. 국민복이 등장하지요. 그때 등장한 게 몸뻬입니다. 지금도 재래식 시장에 가면 쉽게 볼 수 있죠. 당시 여성들은 치마를 입고 다녔는데 활동성이 떨어진다는 이유로 몸뻬를 입게 해요. 이는 여성들을 일터로 불러내는 데 굉장히 중요한 역할을 합니다. 서양에선 그걸 패션 디자이너인 코코 샤넬이 했죠. 샤넬은 치마를 짧게 잘라 버렸잖아요.

긴급 조치와 장발 단속

해방 후 1950년대까지 사람들이 머리를 짧게 깎고 다녔습니다. 어린 학생들도 머리를 빡빡 밀고 다녔어요. 편하고 위생적이니까요. 그러다 머리카락이 길어지기 시작한 게 1960년대부터입니다. 미국을 중심으로 전 세계에서 히피 문화가 유행하지요. 구속되지 않는 젊음을 표현하는 방식으로 자유로운 생활을 추구합니다.

한국은 워낙 통제가 심해서 그런 자유의 정신이 제대로 숨 쉬지 못했죠. 박정희가 쿠데타로 정권을 잡은 시절입니다. 1960년대 당시 일부 대학에서도 두발 단속을 했어요. 교복 검사를 했고요. 아마 5·16 군사 반란 직후인 것 같아요. 그래도 완전히 막지는 못해요. 당시 한국 청년들은 AFKN(미군방송)을 많이 봤습니다. 드라마에 나오는 사람들도 그렇고 가수들도 그렇고 머리가 무척 길어요. 보니까 멋집니다. 음악은 전염성이 강하잖아요. 노래를 흥얼거리면서 우리나라 젊은이들이 하나 둘 스타일을 따라 하기 시작합니다. 1969년도에 클리프 리처드라는 영국 가수를 필두로 외국 가수들의 내한 공연이 줄을 잇습니다. 이때부터 장발이 유행하게 돼요.

박정희 정권이 이걸 두고 볼 리 없죠. 1970년대가 되자 유신을 선포하고 국민의 일거수일투족을 통제합니다. 길 가는 사람 잡아서 머리카락을 가위로 잘라버리고 유치장에 쳐넣어요. 머리뿐만이 아니죠. 미니스커트, 춤, 노래 가사…, 여하튼 조금이라도 눈에 거슬린다 싶은 건 모조리 금지했습니다. 당시 시대가 그랬습니다.

박정희가 탱크를 몰고 나와서 정권을 잡았잖아요. 그래도 집권을 하기 위해서 선거를 했단 말이에요. 그런데 당시 헌법에 따르면 대통령 임기는 4년 연임이었어요. 두 번까지만 할 수 있었습니다. 그런데 대통령을 더 하고 싶은 거예요. 그래서 3선 개헌이란 걸 했습니다. 헌법을 바꿔서 한 번만 더 하겠다고 한 거죠. 그리고 박정희는 1971년 선거

▲ 서울 명동파출소의 장발족 단속 모습.
명동은 최고의 번화가로 서울의 멋쟁이들이 모이는 장소였다.
그래서 1970년대 장발과 미니스커트의 집중 단속이 이루어진 장소도
바로 명동과 무교동 일대였다.

한홍구의
청소년 역사 특강

에 출마해서 대통령에 세 번째로 당선됩니다. 그런데 하다 보니까 죽을 때까지 하고 싶어져요. 그렇다고 국민한테 또 하겠다고 말 못 하잖아요. 맨날 마지막이라고 했는데. 그래서 이번에는 탱크를 몰고 나와서 국회를 해산하고 자기 맘대로 헌법을 바꿉니다. 직선제를 폐지하고 헌법에서 대통령 임기에 관한 조항을 빼버립니다. 체육관에서 통일주체국민회의 대의원이란 사람들을 모아서 대통령 선거를 했어요. 결과가 99.9퍼센트 찬성으로 나옵니다. 이게 바로 유신이에요.

저는 어려서 선생님한테 북한은 흑백함 투표를 한다고 배웠습니다. 그래서 97~98퍼센트의 지지율이 나온다며 그런 건 절대 민주주의가 아니라고 했지요. 그런데 남한도 똑같은 거예요. 그걸 교과서에서 어떻게 가르쳤느냐면, 신라 시대 화백 제도에 빗대어 '한국적 민주주의'라고 했어요. 화백 제도는 만장일치제잖아요. 이와 똑같은 방식으로 운영하는 데가 유엔의 안전보장이사회입니다. 상임이사국 중에서 한군데라도 거부하면 부결돼요. 그러니까 유신으로 다른 새로운 대통령을 뽑을 수 없게 해 놓고는 그걸 '한국적 민주주의'라고 포장한 거예요. 어불성설이지요.

유신 시대는 모든 게 대통령 한 사람 마음입니다. 대통령 말 한마디로 헌법의 효력을 정지시킬 수 있고 국회를 해산할 수 있었습니다. 대통령이 국회의원의 3분의 1을 임명하고 모든 법관을 임명했습니다. 무소불위도 이런 무소불위가 없죠. 헌법이라고 말하기도 부끄럽습니다. 그런 걸 만들어 놨으니 당연히 국민들이 비판하고 고치려고 할 거 아니에요. 그러면 긴급 조치를 내립니다. 반대하는 자는 영장 없이 체포해서 군법 회의에 보내서 징역 15년까지 선고할 수 있었어요. 그래도 끊임없이 사람들이 저항하니까 반대하면 사형까지 가능하게 만들었어요. 농담 같지만 이유 없이 수업을 빼먹어도 사형이에요.

1974년에 시행된 긴급 조치 4호 5항은 "학생의 부당한 이유 없는 출석·수업 또는 시험의 거부, 학교 관계자 지도·감독하의 정상적 수업·연구 활동을 제외한 학교 내외의 집회·시위·성토·농성 기타 일체의 개별적·집단적 행위를 금한다"고 되어 있고 이어서 8항에 "제1항 내지 제6항에 위반한 자, 제7항에 의한 문교부장관의 처분에 위반한 자 및 이 조치를 비방한 자는 사형, 무기 또는 5년 이상의 유기 징역에 처한다"고 되어 있습니다. 어마어마하죠? 실제로 수업 안 들어갔다고 사형당한 사람은 없었지만 이런 게 법적인 효력을 갖고 있었다는 사실 자체가 끔찍한 거예요.

사람들의 입을 막고 행동을 막는 건 물론 노래와 음악, 머리와 옷차림까지 단속했습니다. 몸을 통제할 수 있다는 것, 머리카락을 함부로 자를 수 있다는 것은 그 사람의 모든 것을 지배하는 권력을 상징하는 것이죠. 당시 한국은 참으로 거대한 병영 국가였습니다.

그렇게 국민을 못살게 굴면서 한편으로는 애국심을 강요합니다. 길 가다가 애국가가 나오면 하던 행동을 모두 멈춰야 했어요. 그래서 저희 때는 운동장에서 축구 시합을 하다가 많이 싸웠어요. 골이 들어갔는데 저쪽에서 애국가 나올 때 찼다고 우기는 거예요. 딱 멈춰야 하는

데, 애국가 마지막에 "길이 보전하세." 이게 끝나기도 전에 숏을 했으니까 무효라는 겁니다. 설득력이 있어요. (웃음)

1970년대 얘기를 조금만 더 하자면, 송창식이라는 가수의 「왜 불러」란 곡이 있어요. 영화에 삽입되면서 인기를 끌었습니다. 장발 단속을 피해 도망가는 장면에서 나옵니다. 사람들이 노래를 따라 부르면서 키득거렸습니다. 경찰이 학생을 부르고 학생이 도망가면서 「왜 불러」가 나오니까 관객들이 웃은 거죠. 한창 유행이었는데 갑자기 가수 송창식을 대마초 피웠다고 잡아들였어요. 괘씸죄에 걸린 겁니다. 유신 정권은 그렇게 노래조차 마음대로 못 부르게 했어요. 겨우 부를 수 있는 것은 사랑 타령 정도. 그래서 나온 것이 「고래사냥」입니다. 굉장한 우화 아니에요? 일체의 발언을 할 수 없는 통제 사회에서 숨이 막히니까 차라리 "작고 예쁜 고래 한 마리" 잡으러 간다고 하죠. 그런데 실제로는 고래가 작고 귀엽지 않잖아요. 상상력으로 만든 노랜데 그것도 금지곡이 됐습니다. 왠지 모르게 기분 나쁘다고요. (웃음)

정도의 차이는 있지만 요즘도 학생들에게 머리를 깎으라고 강요하는 분들이 있지요. 왜 그러느냐고 물으면 "그래야 학생답다. 머리가 길면 산만해서 공부가 안 된다"는 대답이 돌아옵니다. 여러분, 학생답다는 게 뭘까요? 우리가 학생다우려면 인간다움을 버려야 하는 건가요. 민주 시민을 키워야 할 학교에서 왜 자꾸 사람을 길들이는 데 신경을 쓰느냐는 겁니다. 머리가 길면 정신이 산만해져 공부가 안 된다고요? 그러면 율곡이나 퇴계 선생은 뭐죠? 우리나라를 대표하는 석학인 그

분들이 머리를 깎았습니까? 다 머리 길렀잖습니까. 지금 불량 고등학생이라고 찍히는 친구들의 머리카락의 몇 배인데도 대학자가 됐잖아요.(웃음)

학부모들도 학생들 머리카락에 신경 쓰는 분들이 있어요. 단속을 안 하면 불량한 아이들이 몰리고 평판이 안 좋아진다는 이유로 학교 측에 요청합니다. 권력자나 기성세대가 왜 이렇게 머리카락 길이에 신경을 쓰는 걸까요?

머리카락과 민주주의

어렴풋하게나마 제가 그 이유를 알게 된 것이 1987년 6월 항쟁 때입니다. 그전까지 신군부가 정권을 잡고 있었죠. 박정희가 죽고 전두환이 집권한 뒤에도 여전히 대통령을 체육관에서 뽑았습니다. 말이 안 되잖아요. 초등학교 반장도 직접 뽑는데 대통령을 국민이 못 뽑았어요. 민주주의를 외치던 사람들은 공안 기관에서 잡아다가 고문했습니다. 많은 사람이 죽고 다쳤죠. 분노한 시민들이 6월 항쟁을 일으켰습니다. 군사 독재 정권이 결국 더 버티지 못하고 직선제를 수용했습니다. 직선제 쟁취로 정치적인 민주화가 진전되는 한편 뒤이어 경제적인 투쟁이 벌어집니다. 노동자 대투쟁이지요. 1987년 7월부터 9월까지 그 짧은 시간 동안 1000개가 넘는 노동조합이 생겼습니다. 매일 파업이 일어났지요.

그전에 군사 독재 20년 동안 우리나라는 분배라는 게 전혀 없었습니다. 경제는 성장 위주의 정책이었고 노동자들에게 희생을 강요했어요. 노력한 만큼 그에 합당한 분배를 외면했습니다. 노동자들의 정당한 요

▲ 1987년 7월 9일 이한열 군의 운구 행렬을 따라 서울시청 앞까지 추모 행진을 벌이는 수십만 명의 시민들.

구는 무시당했지요. 그동안 꾹 참다가 민주화가 되면서 분출한 거예요. 그때 파업을 많이 했고 그 결과 노동자들의 권리가 신장되었습니다. 임금도 오르고 근무 여건도 좋아졌어요. 우리 사회가 그때를 기점으로 많이 좋아졌습니다. 우선 평균 수명이 15년 정도 늘었어요. 노동자들이 제대로 먹고 쉴 수 있게 된 결과입니다. 1987년 7월부터 약 석 달간 이어진 그 거대한 싸움을 7·8·9 노동자 대투쟁이라 불렀어요. 6

월 항쟁을 도심에서 했다면 노동자 대투쟁은 공장에서 했죠. 중심 지역이 현대중공업과 현대자동차가 있는 울산이었습니다.

당시 집회가 있을 때마다 수만 명의 노동자가 몰려나와 운동장에 모였어요. 세계 노동 운동사에서 다시 없는 장관이었습니다. 7·8·9 투쟁은 혁명까진 아니었지만 정말 보기 드문 일이었어요. 워낙 일이 급박하게 돌아가니까 미처 유인물도 준비하지 못했습니다. 갑자기 수만 명이 몰리니까 사람들끼리 급하게 여기저기 구호를 적었습니다. 정말 놀라운 것이, 당시의 첫 번째 구호가 "임금 인상"도 아니고 "근로 기준법 준수"도 아니었다는 거예요. "두발 자율화"였습니다. 학생 이야기가 아닙니다. 울산의 대기업 노동자들 이야기에요. 두 번째 구호는 "복장 자율화"였습니다. 사방에서 격렬하게 싸움이 일어나는데 구호가 그래요. 서글프면서도 좀 희극적이기까지 했습니다. 수만 명의 성인 남자들이 모여서 외치는 구호가 "두발·복장 자율화"라니…. 그걸 보고 많이 느꼈어요. 아, 이렇게 노동자들을 통제해 왔구나. 그래서 국민들 장발 단속을 하고 복장 단속을 했구나.

당시 공장 작업 환경은 대단히 빡빡했습니다. 어떻게든 적은 비용으로 최고의 수익을 뽑으려고 합니다. 노동자들을 배치하거나 작업 공정을 짤 때 생산성 위주로 합니다. 노동자의 건강 따위는 안중에도 없었어요. 심할 경우는 물도 못 마시게 했어요, 화장실 자주 간다고요. 그 정도로 노동 통제가 심했습니다. 당연히 노동자들의 반발이 심했겠지요. 이걸 막으려고 노동 운동을 탄압하고 노동자들의 몸을 통제해 왔던 거예요. 두발과 복장 단속이 고분고분하게 말 잘 듣는 사람으로 키우는 방편이었던 겁니다.

한국 사회에서 커 나가려면 어려서부터 이러한 통제에 익숙해져야 합니다. 학교가 젊은이들이 꿈을 키우고 이를 실현할 실력을 쌓는 곳, 미래를 준비하는 곳이라기보다는 현실에 순응하는 곳, 말 잘 듣는 일꾼으로 길러지는 곳인 거예요. 두발 단속은 그러한 통제의 일환입니다. 몸으로 기억하게 하는 거예요. 우리가 지금까지 그렇게 살아왔어요. 민주적이고 자율적인 인간이 되려면 여기서 벗어나는 훈련이 필요합니다. 두발 문제에서 정말 중요한 것은 머리카락 길이가 아니라 그러한 '규칙'과 '기준'을 누가 정하느냐예요. 그걸 왜 교육 당국이 정하죠. 학생들 스스로 결정할 수 없나요? 저는 두발 자율화의 의미가 거기에 있다고 생각합니다.

사회가 변화하고 민주 정부가 들어서면서 2000년대 두발 자율화 논의가 이루어집니다. 그러다가 2008년에 정권이 바뀌면서 학교 분위기가 달라집니다. 이명박 정권 출범 초기에 광우병 소고기 수입에 반대하는 촛불 시위가 전국적으로 일어납니다. 이걸 처음 시작한 게 여중생들이었잖아요. 자기들 정권에 반대하는 시위를 새파랗게 어린 학생들이 하는 모습을 보니 맘이 편할 리가 없죠. 사회가 전반적으로 보수화되면서 학생들에 대한 통제도 강화됩니다. 인권위원회에서 교사가 강제로 학생들의 머리를 깎는 것은 학생의 인격권을 침해하는 것이라는 견해를 내놓았음에도 지금도 머리를 깎이는 아이들이 분명히 있고

등교 시간에 두발을 단속하는 학교들이 있습니다.

학교에서 두발 규제는 매우 상징적입니다. 학생답다는 것은 무엇인지, 학교에서 지켜야 하는 것이 무엇인지, 학교의 역할은 무엇인지를 고민해야 해요. 남들 앞에서 멋지게 보이고 싶어하는 마음이나 불량 학생으로 찍힐까 봐 걱정하는 부모님의 걱정 차원만은 아니라는 거예요. 제가 가르치는 대학생 중에 장발은 별로 없더라고요. 자기가 알아서 할 일입니다. 학생들에게도 자기 결정권이 있어요. 학생들이 장발하고 염색한다고 해서 대한민국이 무너지나요?

우리 사회에서 두발은 민주주의의 문제입니다. 앞서 자유로워지고자 하는 젊은이들과 이를 용납하지 못하는 권력의 속성을 보았잖아요. 왜 국가가 아무런 근거도 없이 개인의 신체를 구속합니까? 여러분이 아는 선진국 중에 학생들 두발 규제하는 나라 있습니까? 대부분 아시아, 아프리카에 집중되어 있습니다. 저는 젊은이들이 좀 더 역사에 관심을 갖기를 바랍니다. 그래야 문제의 본질을 파악하고 자기 권리를 찾을 수 있어요.

나이 차별의 역사

'나잇값'의 기준

이번 주제는 '나이'입니다. 청소년들이 참 불리해요. (웃음) 나이 좀 들었다고 "머리에 피도 안 마른 것들이…" 하면서 무시합니다. 세대 갈등도 심하죠. 이건 비단 우리에게만 해당하는 게 아니에요. 동서양을 막론하고 나이 과시는 유구한 역사를 자랑합니다. 세계에서 제일 오래된 낙서가 "요즘 젊은 것들은…." 이라는 우스갯소리가 있을 정도예요. 노인들은 항상 젊은이가 불만이죠. 젊은이들은 또 그들대로 기성세대에 도전하고 저항합니다. 인류의 역사는 항상 그래 왔어요.

유독 우리나라 사람들은 나이를 잘 따집니다. 학교고 직장이고 할 것 없이 한두 살 차이만 나면 윗사람 대접을 받으려고 합니다. 심지어 같은 나이인데도 빠른 몇 월입네 하면서 서열을 따집니다. 나이가 적다고 어린애 취급하거나 조금만 차이가 나도 하대하는 게 요즘인데요. 원래 이랬을까요? 이걸 유교적 전통으로 알고 있습니다만, 그렇지 않습니다. 우리 역사를 살펴보면 의외로 나이에 관대한 사회였다는 사실을 알 수 있어요.

白頭山石磨刀盡 백두산의 돌은 칼을 갈아 다 없애고
豆滿江水飮馬無 두만강의 물은 말을 먹여 다 없애리라
男兒二十未平國 남자로 태어나 스무 살에 나라를 평화롭게 하지 못하면
後世誰稱大丈夫 후세에 누가 대장부라 하겠는가

남이 장군의 「북정가」(北征歌)입니다. 내용을 보면 젊은 나이에 기개가 대단합니다. 남이 장군은 열일곱 나이에 무과에 급제하여 스물일곱에 병조판서에 오른 인물입니다. 지금으로 치면 국방부 장관 자리입니다. 왕의 외손자라는 출신도 한몫했지만 그 나이에 책임 있는 자리에 오르는 것에 대해 거부감이 적었던 거예요. 기록에 보면 스물아홉 나이에 영의정이 된 사람도 있었습니다. 조선 시대가 굉장히 나이를 많이 따진 것 같지만 일면 개방적이기도 했습니다.

지금과 비교하면 차이가 크죠. 남이 장군이 남자 나이 스무 살이면 나라를 구해야 한다는 시도 짓고 했잖아요. 그런데 이 시를 제일 싫어하는 사람들이 요즘 재수생일 겁니다. 같은 나인데 누구는 나라를 구하자고 하고 누구는 학원에 앉아 그 시를 외우면서 입시 준비를 하니,

생각하면 참 심란한 일인 거죠. (웃음)

한국 최초의 신체시로 알려진 「해에게서 소년에게」(1908년)는 최남선이 열아홉에 쓴 작품입니다. 최남선은 그 나이에 〈소년〉이라는 잡지의 발행인이었어요. 당시 〈소년〉은 우리나라 최고의 잡지사였습니다. 나중에 친일로 돌아섰지만 그의 젊은 시절 업적은 대단한 것이었어요. 말씀드리고자 하는 것은 개인의 능력도 능력이지만, 사회적으로 그런 걸출한 인물들을 배출할 수 있는 환경이었다는 겁니다. 예전에는 10대 후반 혹은 20대 초반의 청년들에게 길이 활짝 열려 있었습니다. 사회 활동에 장애물이 없었다는 거예요.

최남선, 홍명희와 함께 조선의 3대 천재로 불렸던 이광수도 10대 때부터 작품 활동을 했습니다. 이광수가 〈동아일보〉 편집국장을 맡은 나이가 서른둘입니다. 지금 기준으로는 깜짝 놀랄 만큼 젊은 나이지만, 당시로선 늦은 거였어요. 다른 일을 하다 뒤늦게 젊은 친구들이 하는 자리를 맡았다는 얘길 들었을 정도입니다.

한국은 위계질서가 강한 나라입니다. 학교, 군대, 직장, 어디든 선후배 문화가 존재합니다. 그중 가장 심한 곳이 군대죠. 예전에는 '방위'라고 해서 지금의 공익 근무 요원처럼 집에서 출퇴근하는 병사들이 있었어요. 복무 기간도 짧아서 6개월에서 1년, 1년 6개월까지 있었습니다. 복무 기간이 다른 현역병보다 짧아서 같은 날 입대해도 오전이냐 오후냐를 따져서 고참과 후임을 갈랐다는 우스갯소리도 있습니다.

이런 엄격한 위계 때문에 일찌감치 지원한 사람들은 군대에서 호사를 누리기도 했죠. 무슨 얘기냐면, 고등학교 졸업하고 입대한 친구들이 나이가 어리거든요. 그래도 군대는 '짬밥'이니까, 대학 다니다가 스물두세 살에 들어온 형들한테 막말을 합니다. 그래서 군대에서 제일 서러운 게 동네 후배를 만나는 거라고들 했어요. '안면몰수'라는 말이 이때 생겼습니다. 아는 척을 안 한다는 거예요. 사회에 있을 때 친구나 형이었는데 군대에서 다시 만났다, 이러면 '안면몰수'한다는 얘깁니다. 괜히 아는 척하면 괴롭잖아요, 군대는 계급인데. 한국 사회가 엄격하게 위계를 따지게 된 데에는 그동안 군대 문화가 널리 퍼진 탓도 있습니다.

조선 시대 때는 안 그랬습니다. 그때는 한 10년 나이 정도는 친구 먹었습니다. 형이라고 부르지도 않습니다. 한자로 '평교'(平交)라고 합니다. 평등하게 사귄다는 뜻이에요. 장유유서가 엄격할 것 같지만 교우 관계에서는 그렇지 않았지요. 나이를 따지지 않고 동등하게 대했습니다. 그만큼 청년들에게 기회가 훨씬 열려 있었던 거지요.

여러분, '오성과 한음' 이야기의 두 주인공 이항복(오성)과 이덕형(한음)은 요즘 말로 '절친' 혹은 '베프'였습니다. 당대에도 유명했지요. 그래서 보통 두 사람을 동갑내기로 아는데 그렇지 않습니다. 이항복이 이덕형보다 다섯 살 많아요. 그런데도 어려서부터 허물없이 지내요. 책에도 나오지만 서로 장난치고, 놀려먹고, 둘이 힘을 합쳐서 다른 사람을 골탕먹이기도 합니다. 요즘 같으면 한참 동생뻘 되는 애랑 뭐 하느냐고 '나잇값' 못 한다고 놀림당하기 딱 좋죠. 아까 말씀드린 홍명회, 최남선, 이광수도 서너 살 차이가 나는데 '절친'으로 잘 지냈어요.

오늘날 한국 사회는 나이에 따른 권위가 있고 서열이 있어요. 우리가 '나잇값'이라는 말을 자주 쓰죠. 몇 살 때는 뭘 하고 몇 살 때는 뭘 하고…. 여기에 못 미치면 "나잇값 못 한다"고 흉을 봅니다. 그러다 보니 하고 싶은 일도 눈치를 봅니다. "너는 나이가 몇 살인데 아직도…." 이럴까 봐 조심스러운 거예요. 제가 관계하는 시민 단체 중에 평화박물관이 있는데요. 거기에 동화책을 좋아하는 분이 있었어요. 어린이 평화 책 사업을 하면서 동화책을 읽으니 자신은 참 행복하다는 거예요. 그런데 주변에서 뭐라 그런답니다. "나이가 몇 살인데 아직도 동화책이냐"고 말이죠. 이거 좀 불편하지 않나요?

이 '나잇값' 즉 연령대에 대한 기대치는 시대별로 변해 왔어요. 남이 장군은 나라를 구해야 나잇값을 하는 거로 봤고 그걸 시로 썼습니다. 거기에 대해 당시 사람들도 별말을 안 했죠. 오히려 그 기개를 높이 샀습니다. 지금은 국방부 장관 정도 하려면 적어도 50, 60세는 되어야 합니다. 그 사이에 평균 수명이 늘어난 탓도 있겠지만, 예전에는 어린 나이에 일찍 시작하는 걸 지금은 학교 졸업하고 20, 30대가 되어서야 합니다. 전반적으로 독립하는 시기도 늦어졌고요.

지금 청소년들은 조선 시대처럼 10대에 장가가서 분가하기가 어렵습니다. 방법이 없어요. 옛날에야 초가집에서 농사지어서 먹고살면 그만이었지만 지금은 돈이 들잖아요. 웬만한 월세도 보증금이 수백만 원은 합니다. 우리나라 청소년들이 노동을 통해 그만한 돈을 벌기란 거의 불가능에 가깝습니다. 일할 자리도 마땅치 않고 대우도 형편없으니까요.

미국이나 유럽은 고등학교만 졸업해도 독립합니다. 일부러 대학을 먼 곳으로 가요. 집에서 다니기 싫다는 겁니다. 기숙사에 들어가거나 근처에 아파트를 얻습니다. 그것도 돈이 들지 않느냐고요? 거긴 보증금이라는 게 거의 없어요. 있어야 두 달 치 월세 수준이죠. 한국은 한 열 달 치는 보증금 조로 미리 내야 하잖아요. 그래서 한국은 청소년들이 가출은 할 수 있어도 독립은 할 수 없는 그런 사회입니다.

근현대사 100년을 돌아볼 때 최남선이나 이광수 같은 사람들이 살았던 때는 역사적으로 불행한 시대였습니다만, 그나마 청소년들에게 무한한 기회가 열려 있었습니다. 사회로부터 존중받았습니다. 지금은 청소년들이 물질적으로는 가장 혜택을 받고 있지만 꿈이랄까, 꿈틀거리는 열정이랄까 그런 게 없어요. 모든 게 프로그램돼서 움직이잖아요. 대학 가면 놀아라, 연애해라, 대학 가서 하고 싶은 거 해라…. 이제 그것도 옛날 얘기가 되었어요. 입시 지옥 벗어나면 등록금 지옥이 나오고, 취업 지옥이 나옵니다. 대학은 진리 탐구도 없고 정의 구현도 없는 죽은 대학이 되어버렸지요. 자기 존재를 사회적으로 발산하고 증명할 기회가 없어요. 그러다 보니 중고등학교 때 거쳐야 할 사춘기가 뒤늦게 찾아옵니다. 20대 후반이나 30을 넘기고 나는 어떤 사람인가, 계속 이렇게 살아도 되나, 회의가 듭니다.

10대가 바꾼 한국의 근현대사

저희 애가 초등학교 3학년 때 일입니다. 어느 날 아이와 학부모 모임에 갔는데, 부모들이 아이한테 선후배 관계를 가르치더라고요. 누구는 몇 살이니까 네 형이고, 누구는 동생이고, 그러니 인사를 잘해야 한다는 둥, 젊은 부모들도 나이에 상당히 민감하다는 생각이 들었습니다.

시민 단체나 대학 사회도 예외는 아닙니다. 호칭에서부터 위계가 느껴집니다. 그렇다고 외국처럼 그냥 이름을 부르자니 전라도 말로 '거시기' 하기는 해요. 그래서 어떤 단체는 서로 별명을 불러요. 15년, 20년 차이가 나도 별명을 부르면서 반말을 씁니다. 일부러 그러는 거죠. 위계를 따지다 보면 소통이 잘 안 되는 측면이 있거든요.

조선 시대에 보면 노론, 소론, 남인, 북인이 있었잖아요. 일종의 정당(政黨)인데요. 기록을 보면 이 사람들이 말씀드린 대로, 평교를 했습니다. 물론 열 살 이상 차이면 형 대접을 해야 하죠. 스무 살 차이가 나는데도 대접을 안 했다, 그러면 요즘 말로 '싸가지'가 없는 거고요. 그런데 반대로 다섯 살 조금 넘게 차이 나는 걸 갖고 "왜 나한테 형 대접 안 하느냐?" 이러면 그게 또 덜떨어진 사람이 되는 거예요. 웬만하면 다들 친구로 지냈습니다.

이와 관련한 일화를 하나 소개하죠. 일제 강점기 때 홍명희의 이야기입니다. 이분은 가계(家系)가 아주 재미있어요. 모두 일찍 결혼을 해서 일찍 자식들을 뒀습니다. 홍명희의 부친은 한일 강제병합 때 자결

한 애국지사예요. 그런데 홍명희의 아버지와 아들인 홍명희, 또 홍명희와 그의 아들 홍기문의 나이 차이가 열다섯 살 정도밖에 안 나요. 홍명희도 『임꺽정』으로 유명하지만 홍기문도 당시에는 유명한 지식인이었습니다. 대표적인 언어학자였지요. 전쟁통에 월북했는데 거기서 최고인민회의 부의장, 우리로 치면 국회부의장을 지냈고 사회과학원 원장도 했습니다. 아무튼, 그랬는데, 홍기문에게는 자기보다 7, 8살 나이가 많은 친구가 여럿 있었어요. 그런데 이 사람들이 또 홍명희하고도 친구예요. 일제 강점기만 해도 조선 시대 풍습이 남아 있으니까 그 정도 나이는 그냥 친구로 지냈던 거예요. 그래서 부자지간에 친구를 나눴답니다. 홍기문 쪽으로 친구하기로 한 사람들에게는 앞으로 홍명희를 보면 친구가 아니라 친구의 아버지로 대해라 그렇게 하고, 홍명희 쪽으로 친구하기로 한 사람들에게는 홍기문을 이제 친구가 아니라 친구의 아들로 대하기로 하고요.

저도 비슷한 경험이 있어요. 제가 대학에 다닐 때는 '학번'이 나이를 대신했습니다. 재수나 삼수를 해도 학번이 같으면 그냥 친구예요. 그런데 문제는 고등학교 선배예요. 지금도 그렇지만 고등학교 서열은 엄격합니다. 한 번 선배는 영원한 선배죠. 당시에 삼수한 친구가 있었는데, 만나면 이 자식 저 자식 할 정도로 친했습니다. 그런데 얘가 제 바로 위 학번 선배의 고등학교 1년 선배인 거예요. 그래서 셋이 모이면 참 어색했습니다. 선배의 선배한테 야, 인마 어쩌고 하는데 기분이 묘하더라고요. (웃음)

조선 시대 말기에는 세상이 빨리 변했습니다. 새로운 문물이 들어오고 기존의 유교 체계가 흔들리기 시작해요. 당시 세상이 바뀐다는 건 그전에 공부했던 게 아무짝에도 쓸모가 없어진다는 걸 의미했습니다. 그동안은 "공자 왈 맹자 왈" 하면서 사서삼경을 죽어라 외웠잖아요. 과거 시험을 보려면 15~20년은 그렇게 공부해야 했습니다. 그랬는데 개화기가 되니까 새로운 학문이 들어옵니다. 일본이나 미국 유학생들이 사회를 주도해요. 여러분이 대학 가려고 죽어라 국·영·수 공부를 하고 있는데 어느 날 시험 과목이 바뀌어요. 앞으론 컴퓨터랑 일본어만 본다, 이러면 어때요. 황당하겠죠. 그보다 훨씬 더 심한 변화가 개화기 때 일어난 겁니다.

상황이 이러니 나이 든 사람들은 적응하기 어려웠습니다. 말하자면 새로 배워야 하는 거잖아요. 우리나라에 처음 컴퓨터가 들어왔을 때 그나마 젊은 친구들은 적응을 잘했습니다. 금세 배워서 써먹었잖아요. 그런데 기성세대들은 어때요. '컴맹' 소리를 들어야 했어요. 그런 식으로 개화기 때, 재주 있는 젊은이들이 확 치고 나갔던 거예요.

예컨대 서재필이라는 독립운동가가 있습니다. 서대문 독립공원에 가면 동상이 서 있죠. 이 사람이 우리 역사에 처음으로 등장한 게 갑신정변 때입니다. 일종의 궁중 쿠데타죠. 서재필이 여기에 참여했는데 그때 나이가 지금으로 따지면 고3이었습니다. '새파란 나이'에 지금의 국방부 차관 겸 수도경비 사령관에 해당하는 직을 수행합니다.

일제 강점기 때도 20대의 사회 활동이 두드러집니다. 당시 〈동아일보〉, 〈조선일보〉, 〈시대일보〉 같은 신문이 있었는데 이 신문사 편집국장들이 20대였어요. 지금은 어때요. 그 나이에 '언론고시' 패스하면 다행이죠. 대학 졸업하고 신문사에 발을 들이는 나이가 남자는 빨라야 20대 후반이에요. 일제 강점기라면 편집국장 할 나이인 거죠.

그러다 사회가 조금씩 안정화되고 틀이 잡혀가면서 활동 연령대가 높아집니다. 가령 1960년 4·19 때는 10대가 주역이었어요. 당시 시위에는 국민학생(지금의 초등학생)까지 나왔어요. 혁명의 도화선이 된 3·15 부정 선거 규탄 시위에 나왔다가 숨진 김주열이 열일곱 살이었습니다.

▲ 1960년 4·19 혁명 당시 희생된 전한승 군의 명예 졸업식.
서울 수송국민학교 6학년 1반에 재학 중이던 전 군은 머리에 총을 맞고 그 자리에서 숨졌다.

다섯 번째 강의
나이 차별의 역사

1960년 4월 18일 고대생들이 광화문까지 나왔다가 돌아가는 길에 깡패들의 습격을 받습니다. 그 다음 날인 4월 19일부터 대학생들이 몰려나와 일주일쯤 데모를 벌이지요. 그전에는 대학생들이 개별적으로 시위에 참여는 했지만 집단적으로 모이지는 않았습니다. 지금은 3월에 개학이지만 그때는 4월 1일이었거든요. 방학 중일 때라 모이기가 어려웠던 거예요. 그러는 동안 거의 모든 데모를 고등학생들이 주도합니다. 그때 나온 구호 중에 "대학생들은 비겁하다!", "서울 사람들은 비겁하다!" 같은 것이 있었습니다. 1987년 6월 항쟁과 달랐던 것이 4·19는 지방 중심이었고 나이 어린 고등학생들이 주도했다는 것입니다.

그리고 1년 뒤 1961년에 박정희가 군사 쿠데타를 일으킵니다. 이때는 나이 역차별이 일어나요. 나이 든 사람들이 한 방에 밀려납니다. 정치적인 격변기에 왕왕 있었던 일이에요. 박정희가 정권을 잡았을 때 나이가 45세였어요. 그리고 5·16 군사 반란을 실제로 계획하고 주도한 김종필이라는 인물은 당시 나이가 36세였어요. 이 사람이 반란을 계획한 이유 중 하나가 뭐냐면, 나이 때문이기도 했어요. 당시 육군참모총장 장도영의 나이가 38세로 김종필과 두 살 차이였어요. 그 사이에 비슷한 나이대의 인물들이 얼마나 많았겠어요. 당시 군의 원로라는 사람들이 대략 40대에 불과했습니다. 지금은 40살이면 대령 달기도 어려워요.

한국 전쟁 때 활동하던 정일권, 백선엽 이런 사람들이 3군 참모총장, 3군 연합사령관, 연합 총사령관을 하면서 별을 세 개, 네 개 달고 그랬는데 그때 나이가 고작 32, 33살이에요. 20대에 이미 별을 달았습니다. 한국군이 처음 만들어질 때는 그랬어요.

김종필 입장에서 보면, 그런 젊은 사람들이 떡하니 앞길을 막고 있는 거예요. 그 사람들 전역하려면 한참 남았잖아요. 쿠데타 이후 김종필이 이 사람들을 죄다 '고려장' 시켜 버렸습니다. 이들을 쫓아내고는 반란의 주역들이 그 자리를 꿰찼습니다. 한국은 정치적인 격변기 때마다 그렇게 밑에서 치고 올라가는 일이 생깁니다.

또 하나 유명한 사건이 있습니다. 여러분, 김수환 추기경 아시죠. 이분이 추기경이 된 게 1969년이에요. 그때 나이가 47살이에요. 전 세계에 약 300명의 추기경이 있었는데 그중 최연소였습니다. 추기경은 천주교에서 굉장히 높은 자리입니다. 교황 바로 밑이에요. 이후로 더 젊은 나이에 추기경이 된 사람이 나왔지만 당시에는 신기록이었습니다. 당시 한국 천주교에 김수환 추기경보다 선배들이 많았어요. 쟁쟁한 분들을 제치고 그 자리에 오른 거예요. 이 일로 보수적인 가톨릭 사회에 새 바람이 불어옵니다. 사회적 파급력도 커서 1971년도에 김대중 같은 40대 사람들이 대통령 후보로 치고 올라오는 분위기가 만들어지죠.

여러분이 생각하기에 고 김대중 대통령은 '파파 할아버지'죠. 하지만 정계에 등장할 때만 해도 젊음의 상징이었습니다. 한국 정계에 김대중하고 김영삼이 치고 올라올 때 '40대 기수론'이라는 게 있었어요. 이게 나오게 된 배경에는 한국 정치사의 '야당 징크스'가 있습니다. 선거 때마다 후보가 죽거나 병이 나요. 1956년 대통령 선거 때도 이승만이 떨어지고 정권 교체가 된다고 했는데, 신익희 후보가 대통령 선거를 며칠 앞두고 갑자기 심장마비로 죽었어요. 신익희 대신 민중의 부름을 받은 야권 후보 조봉암은 이승만 정권이 진보당 사건을 조작해 1959년 사형시켜 버렸죠. 1960년도 대통령 선거 때는 조병옥이 야당 후보로 나섭니다. 그런데 건강이 안 좋아서 미국에서 수술을 받게 되죠. 선거 등록을 하고 포스터까지 붙였는데 갑자기 수술 부작용으로 죽어요. 두 번의 선거에서 연이어 야당 대통령 후보가 죽은 겁니다. 이승만은 야당 후보 없이 선거를 치르면서도 부통령 선거에서 심하게 부정을 저지르다가 4·19로 쫓겨나지요.

◀ 1956년 신익희 선생 국민장에 운집한 인파. 국민들은 그에게 애도의 185만 표를 던졌다.

그다음 선거가 1963년과 67년에 있었는데요, 그때는 야당 후보가 죽지는 않았어요. 그런데 누구하고 붙었느냐 하면 40대의 박정희와 60대의 윤보선이었습니다. 박정희는 가난한 농민의 아들로 태어난 젊은 군인이었고, 윤보선은 조선 시대 때부터 명문가였던 집안에서 태어난 나이 많은 사람이었어요. 두 번의 선거에서 다 야당이 져요.

1971년 선거에서는 야당 후보로 김대중이 등장합니다. 원래는 유진오 신민당 총재가 후보로 유력했는데 갑자기 중풍으로 쓰러졌어요. 그러자 야당의 또 다른 실력자인 유진산이 대안으로 떠오릅니다. 이분이 박정희랑 띠동갑으로 나이가 많았는데 이미지가 좋지 않았어요. 요즘은 잘 안 쓰는 말인데 당시 사람들이 그를 가리켜 '왕사쿠라'라고 불렀습니다. '사쿠라'가 벚꽃이잖아요. 지조 없는 사람에 빗대어 쓰는 말이었습니다. 그런 상황에서 40대 기수론을 들고 김영삼이 치고 올라옵니다. 그때 논리가 이랬어요. 김수환 추기경도 40대 아니냐, 야당에서도 젊은 사람이 나와야 한다. 지난 선거에서 윤보선이 젊은 박정희에게 두 번이나 패하지 않았느냐. 노쇠한 야당을 바꿔야 한다. 여기에 대해 당시 당 대표였던 유진산이 "구상유취"(口尙乳臭)라고 대꾸합니다. 입에서 젖비린내가 난다는 얘기예요. 어린 게 까불지 말라는 거죠. 그런데 이러한 40대 기수론이 국민들에게 먹히는 분위기였습니다.

그때 야당 후보 경선에 나선 사람이 김대중, 김영삼, 이철승이었는데 모두 40대였습니다. 처음엔 김영삼이 우세하다가 나중에 김대중이 역전승했죠. 그래서 야당이 40대 후보로 박정희하고 붙었던 게 1971

년 대통령 선거예요. 이 선거에서 박정희가 이깁니다. 김대중은 이후로 계속 야당 후보만 하다가 1997년 제15대 대통령에 당선돼요. 만 26년의 후보 생활 끝에 이룬 성과입니다. 당시 신문에 김대중 지지자의 글이 실렸는데 참 기쁘면서도 한편 슬프다는 얘길 해요. 자기가 대학생 때부터 시작해서 쉰 살이 된 지금까지 한 사람을 지지해 온 게 후회스럽지는 않지만, 한국 정치로 볼 때 과연 바람직하냐는 거죠. 그만큼 새로운 인물이 없었다는 얘기잖아요. 실제로 우리 정치사에 3김(김대중·김영삼·김종필) 시대가 거의 30년을 끌었어요. 박정희, 전두환 군사 정권이 오랜 세월 야당을 탄압했기 때문이기도 하지만, 특정 인물에 우리 정치가 너무 오래 얽매여 있었던 것입니다.

자, 그래서 60, 70년대에 박정희가 계속 정권을 잡고 유신까지 하면서 종신 대통령을 꿈꾸다 결국 측근의 총에 맞아 죽습니다. 그리고는 전두환이 정권을 잡죠. 체육관에서 자기들끼리 모여서 대통령을 뽑습니다. 그러다 6·29 선언이 나오고 다음 대통령으로 노태우가 당선됩니다. 이어서 김영삼, 김대중이 대통령을 하지요. 3김 시대는 그렇게 2000년대 초까지 이어집니다. 그다음에 치고 나온 사람이 누구예요? 바로 노무현 전 대통령입니다. 이분은 전임 대통령인 김대중과 스무 살 이상 차이가 나요. 노무현이 대통령에 당선됐을 때 나이가 57세였습니다.

그래서 무슨 일이 벌어졌느냐 하면, 당시 정관계에서 있던 60대 이상이 갑자기 설 자리를 잃게 됩니다. 대통령이 자기보다 나이 많은 사람이랑 일하고 싶겠어요. 노무현 대통령은 이른바 '386세대'하고 일했습니다. 자기보다 열 살 이상 어린 젊은 사람들을 데려다 썼어요. 보수 엘리트들 입장에선 '고려장' 당한 기분이었을 겁니다. 이제 자기들차례거니 하고 목을 빼고 있었는데 갑자기 새파란 애들이 치고 올라온거예요. 연령대가 확 낮아진 겁니다. 그 와중에 엘리트 권력의 한 세대가 통째로 날아간 거예요. 당시 보수 엘리트들이 노무현 정권을 불편하게 여긴 데에는 이런 이유도 있었습니다.

정치의 세대, 세대의 정치

나이와 관련해서 또 하나 말씀드려야 할 것이 바로 '투표권'입니다. 우리나라는 성인들에게만 투표권을 부여하고 있지요. 그런데 이 '성인'이라는 게 그때그때 달라요. 여러분, 우리나라는 몇 살부터 성인에들어갈까요? 민법에서는 만 18세를 성인의 기준으로 합니다. 그런데영화 볼 때는 다르죠? 만 19세가 성인의 기준입니다. 야한 영화를 일컬어 '19금'이라고 하는 이유죠. 그럼 결혼은 언제부터 할 수 있을까요? 이건 15세 기준입니다. 만 15세이면 부모의 동의하에 결혼할 수있습니다. 이렇게 성인의 기준이 제각각이다 보니 웃지 못할 일이 많이 생깁니다.

예컨대 어떤 부부가 오랜만에 아이를 친정에 맡기고 생맥주를 한잔

하러 갑니다. 술집 주인이 아무 생각 없이 술을 팔았다가 청소년 보호법에 걸립니다. 결혼도 하고 애도 낳았는데 법적으론 청소년인 거예요. 그럴 수 있죠. 아까 말씀드렸다시피 15살만 돼도 결혼할 수 있으니까요. 군인이나 대학생도 술집에서 쫓겨날 수 있습니다. 만 19세 즉 우리 나이로 20살이 안 됐다면 말이죠.

여러분 우리나라 투표는 몇 살 때부터 하죠? 만 20세였다가 2007년부터 한 살 낮춰서 만 19세가 되었습니다. 저는 고등학생도 투표권을 가졌으면 좋겠어요. 그러면 우리나라 교육 제도가 많이 바뀔 텐데 하는 생각을 합니다. 교육 정책에 가장 민감한 게 학생들이잖아요. 이해 당사자인데 정작 투표권이 없습니다. 자기의 운명, 자기의 생활에 결정적인 영향을 미칠 정책에 참여할 수가 없어요.

학생이라고 민주주의 사회에서 예외일 수 없어요. 인지 심리학이나 발달 심리학 같은 데서 하는 말이 16세 정도가 되면 사회를 보는 눈이랄까 판단력 같은 게 완성된다고 합니다. 우리나라 고등학교 1학년 정도면 충분히 투표해도 된다는 얘깁니다. 사리를 분별하는 데 아무런 어려움이 없는 나이입니다. 참고로 미국의 시사 주간지인 〈타임〉이나 〈뉴스위크〉의 기사 작성·편집 기준이 중학교 3학년 나이예요. 우리나라는 학력 인플레가 심해서 대학, 대학원까지 줄줄이 진학하지만 외국은 고등학교만 졸업하면 바로 사회에 진출합니다. 굳이 대학을 안 가도 되는 환경이기도 하지만, 전통적으로 일찌감치 독립된 성인으로 대우를 해 주는 거예요.

우리도 "이팔청춘"이라는 말이 있습니다. 16살이면 청춘인 거예요. 그 정도면 '애 취급' 받을 나이가 지난 겁니다. 조선 시대만 해도 12, 13살만 되면 결혼을 했습니다. 영화로도 나왔지만, 그보다 한참 어린 '꼬마 신랑'도 있었고요. 불과 100년 전까지 그랬어요.

여러분, '춘향전' 아시죠. 조선의 대표적인 걸작으로 알려진 판소리이자 소설입니다. 그런데 교과서에 소개된 부분 말고 원본을 한 번 보면 말이죠. 이몽룡과 춘향이가 합방하는 장면이 있는데 그때 두 사람 나이가 몇 살인 줄 아십니까? 이팔청춘, 16살이에요. 이게 원조 동방예의지국인 조선 시대의 작품이에요. '성인'이라는 개념은 이처럼 상대적이에요.

오늘날 한국 사회는 청소년을 보호한다는 명목으로 어른 대접을 안해 주는 측면이 있습니다. 어른이 되면 말 잘 듣게 하려고 일찌감치 이런저런 규제를 두는 것도 있고요. 저는 몸에 해로운 술·담배야 그렇다 쳐도 투표권 정도는 충분히 보장해야 한다고 봅니다. 그리고 웬만한 건 알아서 하게끔 해야 해요. 성인에 대한 기준도 통일해야 합니다. 민법상 결혼은 허용하면서 성인 영화는 못 보게 하는 건 어딘가 좀 모순되지 않나요?

유럽에 근대 국가가 들어서면서 시민들에게 투표권이라는 게 생길 때 나이 기준이 30세였습니다. 그런데 다 되는 건 아니고 세금을 내는 남자만 해당했어요. 그러다 나이가 점점 내려와요. 20세 남자 모두에게 줬다가 20세기 초가 되면 여자들에게도 투표권이 생깁니다.

투표권이라는 건 민주주의 사회에서 아주 중요한 의미가 있어요. 서양은 노인 복지가 굉장히 잘 되어 있습니다. 아동이나 청소년보다 훨씬 좋아요. 왜 그러냐면 바로 그들에겐 투표권이 있기 때문입니다. 정치인들은 투표하는 사람 눈치만 봐요. 그래서 그야말로 "애들은 가라"입니다. 복지 예산을 삭감할 때 대개 어디서부터 하느냐, 아이들 예산부터 합니다.

우리나라도 마찬가지예요. 이명박 정부 때 4대 강 사업을 추진하면서 복지가 굉장히 축소되었어요. 그런데 상대적으로 노인 복지는 조금 줄고 대신 어린이집 예산이 많이 줄었어요. 정부 정책을 결정하는 데 투표권 유무는 아주 큰 영향을 미칩니다.

세대라는 게 있습니다. 연령대에 따라서 10대, 20대, 30대로 구분하기도 하고요. 특정한 역사적 경험을 가진 집단을 하나의 세대로 묶기도 하지요. 예컨대 해방 세대, 4·19세대, 6·3세대, 이런 식으로 말이죠. 이때 청소년기에 어떤 사건을 겪었느냐가 참 중요해요. 그 시절에 대한 집단 기억이라는 게 하나의 세대를 구성하기 때문입니다. '촛불' 세대가 있을 수 있고, 또 세월호 사건같이 동년배의 친구들이 집단적으로 죽었는데 아무도 책임지지 않는 어처구니 없는 일을 경험한 세대도 있겠지요. 개인적인 차이는 있지만 집단적으로 공유하는 부분이 분명히 있거든요. 요즘 한국의 고등학생이라면 공통적인 경험이 있을 겁니다. 학교생활은 어떨지, 부모와는 어떤 대화를 할지, 고민은 무엇일지, 대충 '안 봐도 비디오'인 부분들이 있듯이 말입니다.

촛불세대. 2008년 촛불 시위에 참여한 고등학교 3학년 여학생.

우리 근현대사가 워낙에 파란만장하다 보니 세대도 다양하게 등장합니다. 먼저 해방 세대가 있지요. 이분들은 전쟁을 온몸으로 겪은 세대입니다. 태어날 무렵 일본의 만주 침략(1931년)이 있었죠. 6년 후인 1937년에는 중일 전쟁이 벌어집니다. 그때부터 식민지 한국 사회는 전쟁 체제가 되고요. 그러다 일본이 패망하고 잠깐 해방의 기쁨을 맛보죠. 그러나 그것도 잠시 1950년 한국 전쟁이 터집니다. 거의 15년 정도 되는 시간 동안 우리 사회는 전쟁의 한복판에 서게 됩니다. 한 세대 정도가 그렇게 전쟁의 참상 속에서 성장하게 되지요.

그리고 4·19세대가 있습니다. 이 세대는 이전 세대와 달리 군국주의 영향에서 상대적으로 자유로워요. 그전만 해도 일제에 의해서 전쟁 교육을 굉장히 세게 받았었거든요. 정작 일본은 패망 후에 평화 교육을 시켰지만 한국은 또다시 전쟁을 치르면서 오히려 강화되었죠.

4·19세대는 처음으로 민주주의 교육을 받은 세대입니다. 학교에서 한글을 배운 세대이기도 하고요. 일제 강점기에도 한글 교육이 있었습니다만 나중에 없어지죠. 이들이 4·19 혁명을 일으킨 게 결코 우연이 아니라고 저는 생각합니다. 어렸을 때 보고, 듣고, 배운 것이 있었기 때문이에요. 학교에서 민주주의를 배운 사람들이니 뭐가 잘못되고 뭐가 잘된 건지 알 수 있었을 거 아니에요. 그런 경험들이 쌓여서 4·19를 이룬 겁니다.

6·3세대라는 것도 있습니다. 1964년에 전국적으로 한일 회담 반대 시위가 있었죠. 그때 데모를 열심히 했던 대학생들을 6·3세대라고 부

르는데, 4·19세대하고 성향이 비슷해요. 굳이 차이가 있다면 6·3세대는 좀 더 어려서 4·19 때 고등학생이었다는 것 정도죠. 저는 4·19의 주역이 사실은 6·3세대였다고 생각합니다.

1970년대로 내려오면 '유신 세대'가 나옵니다. '긴급 조치 세대'라고도 부르죠. 정치적 암흑기였습니다. 저와 비슷한 나이의 사람들이 그 시기에 청소년기를 보냈지요. 그보다 조금 아래를 '386세대'라고 불렀습니다. 이건 특이하게도 컴퓨터 사양을 뜻하는 용어예요. 1990년대 중반에 컴퓨터를 CPU 성능에 따라 286, 386, 486, 이런 식으로 불렀는데 이걸 특정 세대를 지칭하는 말로 쓴 거예요. 그 당시 30대로 80년대 학번이면서 60년생이던 사람들을 말합니다. 지금은 40대 후반에서 50대 중후반이 되었겠지요. 이 세대는 1980년 5월 광주의 영향을 직접적으로 받은 세대예요. 80년대라는 격동기를 보내면서 진보적인 정치의식을 가지게 됩니다. 전반적으로는 개혁적이며, 민주화 운동에 친화적이라고 볼 수 있습니다. 그럴 수밖에 없었던 것이, 당시 한 나라의 대통령이 수백 명을 죽인 학살자였단 말이죠. 정치 운동, 사회 운동에 일찍부터 노출될 수밖에 없었습니다. 시대적인 과제가 컸어요.

1990년대가 되면 정치적으로 민주화가 진행되고 경제가 성장하면서 소비 수준도 높아집니다. 애국심을 강조하던 국가주의가 퇴조하고 그 자리에 개인주의가 들어섭니다. 자기 행복을 추구하는 세대가 나타나기 시작한 거예요. 이들을 'X세대'라고 불렀습니다. 우중충한 386세대와는 달랐어요. 지금은 40대가 됐지만 당시에는 매우 특별한 세대로 취급받았습니다. 원래는 외국에서 생긴 개념인데 베이비붐 세대와 다르면서도 마땅히 정의하기 어렵다는 의미에서 'X'가 붙었다고 해요.

그다음에 나온 게 net generation, 'N세대'입니다. 디지털 친화적인 세대를 일컫는 말입니다. 가정에 개인용 컴퓨터가 보급되고 인터넷이 등장하죠. 쌍방향 소통에 능하고 능동적으로 정보를 찾는 세대입니다.

그리고 나서 'G세대'라는 말이 등장해요. 〈조선일보〉가 만든 말인데 '글로벌'(global)한 세대라는 뜻입니다. 대략 88올림픽을 전후로 태어난 이들이에요. 사회가 민주화되고 경제적으로도 잘살게 됩니다. 세계로 눈을 돌려 국제적인 시각을 갖춘 이들이에요. 그전에는 저항 민족주의 세대이고 제3세계 의식을 갖고 있었다면, G세대는 강대국들 틈에서 "대~한민국"을 외치던 월드컵 세대이기도 합니다. 똑같은 세대를 두고 다른 이름으로 부르기도 하죠. '88만 원 세대'입니다. 2007년 발간된 책의 제목에서 비롯한 말입니다. 고용 불안에 시달리는 세대를 그렇게 표현했어요. 그런데 왜 하필이면 88만 원일까요. 책에 보면 당시 우리나라 비정규직 평균 임금에 20대 임금 비율을 곱해서 나온 값입니다. 우리 사회에서는 나이가 적으면 어때요? 임금을 확 후려치죠. 그래서 88만 원 세대라는 말이 나온 거예요.

나중에 뒤에서 말씀드리겠습니다만, 노동에는 원칙이 있습니다. '동일노동 동일임금' 즉, 같은 일을 하면 같은 임금을 줘야 합니다. 그런데 현실에서는 이게 안 지켜지죠. 20대 노동자는 평균적으로 임금의 70퍼센트 정도밖에 못 받아요. 유럽에서는 1000유로 세대라고 했습니다. 죽어라 일해도 가난에서 벗어날 수밖에 없는 세대입니다. 나이로 치면 G세대하고 똑같아요. 경제적으로는 다수가 88만 원 세대에 속하지만 행동적인 면을 보면 G세대적인 요소들도 분명히 있습니다. 누구의 관점에서 누구를 중심으로 보느냐에 따라 달라요.

　같은 세대 안에서도 계급 문제가 존재합니다. 그런데 지금까지 말씀 드린 X세대, N세대, G세대, 이런 명칭들은 역사적인 맥락이 있다기보다는 언론이나 기업에서 상업적으로 이용하는 측면이 있어요. 그래서 저는 G세대보다는 88만 원 세대라는 말이 더 와 닿습니다. 이해하기 쉽게 쓰인 책이기 때문에 청소년들도 읽을 수 있어요. 이 책은 20대가 사회적으로 왜 독립을 하지 못하는가 하는 문제를 면밀하게 분석합니다. 그전에는 별로 주목하지 않았던 내용이죠. 그냥 그러려니 했거든요. 그런데 『88만 원 세대』라는 책이 나오고 베스트셀러가 되자 사회적 반향을 일으킵니다.

　1970, 80년대만 해도 한국 경제가 잘 나갔잖아요. 고도성장을 거듭했습니다. 그러다가 성장이 완화되고 사회가 안정화되죠. 앞에서 말씀 드렸듯이 사회적 격동기에는 계층의 이동이 활발하게 일어납니다. 젊은 사람들이 꽉꽉 치고 올라가요. 그런데 사회가 안정화되면 기성세대가 자리를 잡게 돼요.

민주주의의 나이

직업마다 차이는 있습니다. 운동선수들이나 연예인들 같으면 속성 상 활동 기간이 짧잖아요. 나이가 굉장히 어립니다. 법조인을 볼까요? 검사하고 판사만 비교해 보면 검사 쪽이 젊은 편이에요. 바로 조직 문화 때문입니다. 검찰 조직은 독특한 기수 문화라는 게 있어요. 자기와 같거나 낮은 기수가 수장이 되면 사표 내고 나가는 게 관행이에요. 그러면 어떻게 돼요. 자리가 많이 나올 거 아닙니까. 아래에서 쭉쭉 채워 올라갑니다. 전체적으로 승진 기회가 많아지는 겁니다.

박정희 때 이야기를 하나 해 드리죠. 1960년대 초반 신직수라고 박정희가 검찰총장으로 임명한 사람이 서른여섯 살이었어요. 굉장히 젊었죠. 동기들은 부장검사하는 데 검찰총장 자리에 앉게 된 거예요. 사람들이 황당해합니다. 그런데 박정희가 그렇게 한 데는 다 이유가 있었던 거예요. 그는 박정희가 사단장 할 때 법무 참모를 했던 인물이에요. 검찰총장에 앉혀 놓으니까 군대식으로 검찰을 운영해 나갑니다. 무려 7년을 넘게 검찰총장을 하는 동안 정권의 입맛에 딱 맞는 검찰로 변해 버려요. 저는 그때가 한국 검찰이 망가진 결정적인 시기라고 생각해요. 자기들끼리 인맥을 만들면서 이런저런 장난을 칩니다.

박정희 스타일 인사가 또 어떤 것이 있었냐면, 서울시경 국장, 지금으로 치면 서울시 경찰청장 자리에 서른 살짜리를 앉힌 적도 있어요. 한편에서 보면 능력만 보고 뽑은 발탁인사 같죠? 그런데 사실은 조직을 흔들어 놓으려는 방법이었습니다. 말 잘 들으면 이렇게 파격적으로 승진도 시켜 준다는 메시지를 준 거예요. 출세하고 싶으면 충성하라는 것이죠. 임명한 사람의 비위를 잘 맞춰야 오래 근무를 할 수 있습니다. 그러면서 조직이 망가져요. 공공 조직이 권력자의 눈치를 보게 되면서 제 기능을 못 하게 됩니다.

다시 '88만 원 세대' 이야기로 돌아와서, 이 책은 그동안 한국 사회가 주목하지 못한 새로운 문제를 제기했지만 한계도 있습니다. 세대 문제를 부각시키려다 보니 뭐든 세대 갈등의 눈으로 보는 거예요. 세대 내부의 계급 차이를 간과했다는 비판을 받습니다. 같은 세대라고 해서 다 '88만 원'은 아니거든요. 재벌 집 아들, 손자하고는 다르잖아요. 실제로 그 어느 세대보다 계급 차이가 심한 게 88만 원 세대입니다. 88만 원 세대 사이에 계급 분화가 심한 이유는 부모의 재산 때문입니다. 부잣집 자식들은 출발점이 달라요. 이런 걸 무시할 수가 없는 거죠.

이런 사회 경제적 여건 때문에 우리나라에서 20대는 지난 어느 시기보다 사회적 발언권이 약합니다. 수명이 증가한 탓도 있겠지요. 고령화 사회가 되다 보니 과거 시대의 주역이었던 20대가 '애' 취급을 받습니다.

또 하나 20대가 주역이 되지 못하는 이유가 길어진 교육 기간 때문입니다. 우리가 학벌 사회이다 보니 경쟁에서 우위를 점하려고 교육에 투자를 많이 하잖아요. 예전에는 초등학교만 나오신 분들도 많았습니다. 그런데 요즘은 대학은 물론 웬만하면 대학원까지 마치려고 해요. 그러면 어쨌거나 남보다 앞섰다는 생각이 드는 겁니다. 하지만 나만 대학원 가나요? 너도나도 대학원에 가면 그중에서도 또 어느 대학원이냐를 따져서 서열을 매깁니다. 결국 아무 소용이 없는 거예요. 괜히 비싼 등록금만 날리는 셈입니다. 학벌 경쟁이라는 게 그래요. 그런다고 취직이 잘되는 것도 아닙니다. 외려 기업이 꺼리는 일도 있어요. 뽑는 사람 입장에서는 고학력자의 경우 조건 좋은 곳만 나오면 언제든 옮겨 갈 사람이라는 생각을 하게 됩니다. 학력은 계속 높아지는데 고학력자들 취업률은 나아지지 않는 그런 상황이 지속됩니다.

열심히 공부해서 대학에 가면 일찌감치 취업 준비에 들어갑니다. '스펙'도 쌓고 해외 연수도 가야 해요. 그러다 군대에 가고 졸업을 하죠. 그나마 학비 걱정이 없을 경우입니다. 돈이 없으면 중간에 휴학하고 아르바이트를 합니다. 그런 학생들이 요즘 많아요. 자, 그래서 대학원까지 졸업하면 남학생은 서른에 가까워집니다. 20대를 그렇게 보내는 거예요. 우리 사회가 고령화되고 젊은 친구들의 사회 진출도 늦어지다 보니 20대에 마음먹고 할 수 있는 게 없어요.

1960년도에 고등학생들이 어떻게 4·19의 주역이 될 수 있었느냐 하면 그때는 고등학교가 지금의 대학교에 해당하는 고등 교육 기관이었기 때문입니다. 거기서 다 배웠어요. 그리고 바로 사회로 진출합니다. 당시 고졸이 최종 학력인 사람이 많았어요. 사회적으로 성인 취급을 받은 거예요. 학생들도 그런 사실을 잘 알고 있었습니다. 그러니 세상에 대한 관심도 많고 앞으로 어떻게 살아야 할지 고민도 많았습니다. 그때는 평균 수명도 60이 안 될 때였습니다. 고등학생이면 이미 인생의 3분의 1 정도를 산 거예요. 지금은 어때요. 2016년 기준으로 평균 수명은 81세 정도 됩니다. 이 정도 추세면 조만간 90세가 넘어갈 거예요. 그러니까 지금 고등학생은 인생의 5분의 1 정도만 살고 있는 겁니다. 1960년 당시 고등학생들은 사회적 성인으로서, 자신들이 앞으로 살아가야 할 세상을 바꾸고자 하는 강렬한 욕구가 있었던 겁니다.

과거 세상을 바꾸고 싶어 했던, 지금의 기성세대가 요즘 젊은 친구들에게 아쉬워하는 게 바로 그런 것입니다. 대학에서 학생들을 가르치는 선생님들이 자주 하는 말이, 요즘 대학생은 고등학생 같대요. 그래서 대학교 1학년이 아니라 '고등학교 4학년'이라는 표현을 씁니다. '캥거루' 족이라는 말도 있죠. 독립을 거부하고 부모 품에서 지내는 젊은 세대를 빗대어 쓰는 말이에요. 물론 개인의 탓이 아닙니다. 한국 사회가 젊은이들을 그렇게 만들고 있어요. 그렇다고 사회 탓만은 할 수 없는 게, 젊은 친구들이 그런 현실을 바꾸려는 노력이 부족하기 때문입니다.

저는 지금 10대 후반, 20대 친구들이 좀 더 불온했으면 좋겠어요. 젊은이들의 의지야말로 세상을 바꾸고 발전시킬 수 있는 동력이거든요. 역사적으로 그랬습니다. 그런데 요즘은 모든 게 미리 프로그래밍되어 있다 보니 젊은이들이 거기에 안주하는 건 아닌가 하는 생각이 듭니다. 자기가 무얼 결정해 본 경험이 정말 없어요. 모든 게 다 어려서부터 어머니가 정해 놓은 대로 움직이기만 했어요. 학교 마치면 태권도장 갔다가 집에 와서 냉장고 왼쪽 둘째 선반에 올려놓은 샌드위치 먹고, 수학 학원 갔다가 피아노 학원 들러서…. 이렇게 다 미리 정해진 삶을 강요받았어요. 안타깝지요. 그건 어느 한 세대가 아니라 사회 전체의 불행입니다. 사회가 역동성을 잃고 탄력을 잃게 되는 거예요. 생명력을 상실하는 겁니다.

그렇다면 방법은 무엇일까요? 20대가 자기를 발전시키고 세상을 변화시킬 방법은 하나밖에 없다고 생각합니다. 바로 '연대'예요. 약한 사람들끼리 힘을 합치는 것, 같이 손잡는 것이죠. 지금 힘든 게 '경쟁' 때문이잖아요. 상대를 밟고 올라가지 않으면 안 되는 상황, 그렇다고 해서 끝까지 살아남는다는 보장도 없습니다. 한국 사회는 그런 무의미한 경쟁을 강요해요. 물론 경쟁 자체가 전적으로 나쁜 것이라고는 생각하지 않습니다. 공정한 규칙하에서 이뤄지는 경쟁은 개인이나 사회의 능력을 향상시키니까요. 하지만 정도껏 해야죠. 경쟁을 할 게 있고 안 할 게 있습니다. 우리 사회는 이것저것 따지지 않고 모든 분야를 경쟁의 논리가 지배하고 있어요. 게다가 규칙도 개판입니다. 지키는 사람만 손해 보죠. 진 사람에 대한 배려도 없습니다. 하다못해 운동경기에서도 패자 부활전이라는 게 있는데, 사회에서는 한 번 밀리면 끝장입니다. 그러니 죽기 살기로 싸우는 겁니다.

능력에 따라서 우수한 사람을 발탁한다? 참 좋은 말입니다. 그래야 사회가 발전하죠. 그러나 우리가 동물은 아니잖아요. 경쟁에서 진 사람도 인간답게 살아갈 권리가 있습니다. 생존을 위한 최저치를 보장해 주고 경쟁을 하든 해야죠. 오로지 국·영·수로, 대입 시험 한 판으로 모든 게 결정되는 이 시대의 경쟁은 옳지 않습니다. 돈을 왕창 쏟아부은 사람이 유리하게 되어 있어요. 사람들도 잘 알고 있습니다. 그러다 보니 싸워 보지도 않고 '루저'가 되는 20대들이 너무 많은 것 같아요.

우리 사회는 예전에 그렇지 않았어요. 1980년대는 굉장히 고통스럽고 혼란스러웠던 시기이지만 그 시절에 10대, 20대들이 세상을 바꾸겠다는 의지가 충만했습니다. 그랬던 사람들이 기성세대가 되고는 뒷사람들이 따라 올라오지 못하게 문을 걸어 잠그는 식이 된 거죠.

지금 젊은 세대가 소외감을 느끼는 이유입니다. 다른 방법이 없어요. 함께 연대해서 목소리를 높여야 합니다. 적극적으로 투표해서 정치적 입장을 밝혀야 해요. 알아서 해 주지 않습니다. 그런데 많은 젊은이가 투표에 무관심하죠. 선거 포스터는 붙어 있지만 누굴 찍어야 할지 감도 안 오고 그럴 거예요. 자신들을 대변해 줄 사람이 없어서 무관심하고, 무관심하니까 아무도 대변해 주지 않는, 일종의 악순환이 이어지고 있습니다. 저는 20대들이 스스로 좀 더 적극적으로 뛰어나가서 판을 깼으면 좋겠어요. 기성세대의 문법 말고 여러분의 발랄함, 여러분의 참신함 그리고 여러분의 언어로 정치에 참여한다면 이 사회에서 함부로 무시하지 못합니다.

옆 사람과 경쟁하지 마세요. 같이 고민하고 함께 싸워나갈 친구잖아요. 내가 다른 사람을 어떻게 보느냐에 따라서 세상이 달라집니다. 게임의 규칙은 누가 만듭니까? 기득권 세력이 요구하는 조건에 맞추려

▲ 1987년 민주화 운동의 중심지가 되었던 80년대의 명동성당.

고 서로 피 터지게 경쟁하고 있잖아요. 강자의 논리를 배웠기 때문이에요. 같은 20대인데 한두 살 나이 차이를 왜 따집니까. 그러면 뭉칠 수가 없으니까, 부당한 대우를 할 때 사람들이 똘똘 뭉쳐서 저항하지 못하게끔 하려고 그런 거예요. 약자들끼리 서열을 따질 이유가 없습니다. 약자들이 스스로 벽을 허물면 세상이 바뀔 수 있습니다. 경쟁을 멈추고 우리가 걸어온 길을 돌아보고, 우리가 언제까지 이런 부당한 경쟁을 계속해야 하는가 하는 고민이 필요합니다.

지금 한국 사회는 여러분에게 내일을 위해 오늘을 희생하라고 강요합니다. 일곱 살짜리 데려다가 초등학교 1학년 것을 가르치고, 1학년은 2학년, 2학년은 3학년 것을 배웁니다. 대학을 위해 취업을 위해 인생의 가장 소중한 시절을 학원에서, 고시원에서 보내라고 말해요. 다시 한 번 강조하지만, 여러분이 함께 뭉쳐서 이런 잘못된 점을 고쳐 나가야 합니다. 그러려면 군대 계급 나누듯이 또래끼리 서열화해서는 안 돼요. 자꾸 차이를 만들면 어떻게 연대가 가능하겠어요. 필요한 것은 위계가 아닌 소통입니다.

권위에 복종하게 하는 것은 기본적으로 자기 세대들끼리 서로 손잡지 못하게 하려는 것이라고 생각해요. 새로운 문화는 그렇지 않습니다. 평등하게 만나서 함께 고민하고 세상의 벽을 하나하나 뛰어넘는 것, 그래서 여러분이 이 사회의 주인이 되는 그런 삶을 살았으면 하고 바랍니다.

우리가 나이와 상관없이 평등한 삶, "민증 까봐"라는 말이 없는, '나잇값'에 대한 강박이 없는 사회가 되었으면 좋겠어요. 누구나 젊게 살수 있는 그래서 누구에게나 열려 있고 역동적인 그런 세상을 만들었으면 합니다.

여섯 번째 강의

군대의 역사

군대 가는 사람 vs 군대 안 가는 사람

오늘은 군대 이야기를 하겠습니다. 우리나라 남학생들의 대표적인 고민거리죠.

예전에 유승준이라는 가수가 있었습니다. 근 20년 전에 큰 인기를 누렸는데 군대에 안 가는 바람에 입국 금지를 당합니다. 한국에서 아예 활동을 못 해요. 이게 당시 사회적으로 큰 이슈였습니다. 이 가수가 당시 이미지도 좋았어요. 법도 잘 지키고 예의범절도 바르다는 식이었지요. 재미 교포로서 한국 대중문화 시장에 진출해서 성공한 첫 세대일 거예요. 그러다가 군대 문제가 터진 겁니다.

유승준은 적법하게 미국 국적을 선택했으니 군대에 안 가는 게 법을 어긴 것은 아닙니다. 그런데 한국에서 연예인 활동을 하려다 보니까 군대 가기 싫다고는 못 하겠는 거예요. 어쩌다 한국에서 생활하니 군대도 가겠다는 말을 하게 된 모양입니다. 실제로 신체검사를 받고 입영 날짜까지 받았어요.

결국 유승준은 군대에 가는 대신 미국 시민권을 선택했는데, 그야말로 괘씸죄에 걸려 한국에 입국조차 할 수 없게 되었어요. 많은 사람이 오해하듯이 병역 비리를 저지른 게 아니에요. 법적으로 아무런 문제가 없었습니다. 다만 약속을 뒤집은 점에 대해 도덕적인 비난은 받을 수 있겠지요. 이 친구가 군대에 안 간다고 선언하는 순간 비난이 쏟아집니다. 인기 연예인에서 한순간에 나쁜 놈, 죽일 놈이 되었어요. 저는 당시 유승준을 향한 비난에는 이중적인 측면이 있었다고 생각해요. 특혜를 받는 것 같아서 화도 나지만, 한편 부럽기도 했을 겁니다. 군대 가고 싶어서 가는 사람이 누가 있겠어요.

나는 한국의 청년들이 참 안 됐다는 생각이 들 때가 있어요. 미국 애들이 자기 말로 노래하고 책 읽을 때 우리는 열심히 영어 단어를 외워야 하잖아요. 게다가 중간에 군대에 가서 2년이라는 긴 시간을 보내야 합니다. 해야 할 일도 많고 고민할 일도 많은 중요한 시기에 말이죠. 여학생도 마찬가지입니다. 군대는 안 가지만 나름대로 짐이 많죠. 어쨌거나 한국의 젊은이들은 분단국가에 태어난 죄로 청춘을 압류당하고 있습니다. 문제는 이게 모든 사람에게 적용되지 않는다는 거예요. 법적으로 모든 국민의 의무인 병역이 사실상 공평하게 이루어지지 않습니다. 여론이 유승준을 등진 배경에는 그런 불만도 한몫했을 겁니다.

우리나라는 두 종류의 사람이 있습니다. 군대에 가는 사람과 안 가는 사람. 돈 있고 권력 있으면 일찌감치 외국으로 가서 빠지거나, 이러저러한 방법을 써서 최소한 편하게 군대 생활을 할 수 있을 거라는 생각을 대다수가 합니다. 군대에서 사고로 자식을 잃은 사람들이 부모가 못나서 군대에 보냈다, 미안하다고 하면서 통곡하는 것이 현실입니다.

가슴 아픈 얘기지만 우리 사회는 평등하지 않습니다. 가장 적나라하게 드러나는 데가 바로 군대예요. 우스갯소리로 강남에 사는 젊은이들 사이에서는 누가 군대 간다고 하면 너희 엄마는 계모냐 하고 묻는답니다. 강남 출신 중에 최전방 같은 데서 고생하는 젊은이들은 얼마 안 돼요. 가난한 사람들, 힘없는 사람들만 고생합니다. 돈 있으면 무슨 수를 써서라도 안 가려고 합니다. 재벌, 정치인이나 그 가족들의 병역 면제율이 유독 높은 게 우리나라잖아요. 국회의원의 자식, 신문사 사장 자식, 재벌집 자식, 고위 관료 자식들은 이상하게도 병이 많아요. 그게 당대에만 그치는 것이 아니라 대대로 이어집니다. 국회 인사 청문회 같은 델 보면 그들이 군대를 빼먹은 방법도 가지가지입니다.

그래서 대한민국은 '국민개병제'가 아니라 '빈민 개병제'라고 하는 말까지 나옵니다. 가슴 아픈 일이에요. 국민도 이 사실을 잘 알고 있기 때문에 유독 유명인들의 병역 문제에 민감합니다. 정치적으로도 그래요.

지난 1997년과 2002년은 바로 이 군대 문제가 대통령 선거의 승패를 좌우했다고 해도 과언이 아닙니다. 당시 두 번 다 대법관 출신의 이

회창이 한나라당(현 새누리당) 후보로 나왔었죠. 40대 중반에 대법관을 지내고 감사원장과 국무총리를 거친 분이었습니다. 보수적인 인사들에게는 꼿꼿한 인품과 합리적인 성향으로 존경을 받았어요. 그런데 선거에서 졌어요. 두 번 다 적은 표 차이로 김대중, 노무현 후보에게 각각 패했습니다. 그때 이회창 후보의 최대 약점이 바로 아들 둘이 군대에 안 갔다는 것이었습니다. 면제였는데 여기에 국민적 의혹이 많았어요. 당시 군대에 복무 중이었던 사람만 쳐도 50만 명이 넘습니다. 거기에 부모와 가족들까지 치면 엄청난 표가 빠져나간 겁니다. 워낙 박빙 승부였기에 병역 문제만 아니었어도 이 후보가 승리했을 거라는 예측이 많았습니다. 우리나라에서 병역은 그만큼 민감한 사안이에요.

여러분 혹시 우리나라 군인이 몇 명이나 되는 줄 아십니까? 60만 명이 넘어요. 북한의 120만 명까지 합치면 한반도에만 200만 명에 육박하는 군인이 있습니다. 전통적으로 중남미 22개국이 군대가 강합니다. 오랫동안 군부 독재를 했잖아요. 그런데 그쪽 군인을 다 합쳐야 200만 명이에요. 어마어마한 규모인 거죠. 그런데 군인이 뭐 하는 사람입니까? 전쟁 수행이 목적이잖아요. 평시에는 그 수가 줄어드는 게 당연합니다. 그런데 우리나라는 오히려 반대예요. 한국 전쟁 동안 20만이던 남한의 병력은 전쟁이 끝나고 난 다음에 60만이 됐다가 한때 70만까지 늘어납니다. 전쟁할 때의 세 배 이상 늘어난 거예요. 현대전은 보병전이 아닙니다. 첨단 무기나 정보력, 핵 같은 대량 살상 무기가 승패를 좌우하지요. 그럼에도 유독 우리나라만 군인이 늘어난 겁니다. 왜 이렇게 된 걸까요?

　여러 요인이 있겠지만 그중 하나가 미국의 요구입니다. 정부 수립 전후에 미국은 한국군을 10만 명 수준으로 묶어 두려 했어요. 병력 규모가 커지면 이승만 대통령이 딴 생각할까 봐, 그 군대 가지고 이북 쳐들어갈까 봐 그런 겁니다. 이북이 쳐들어오면 방어는 할 수 있되, 먼저 쳐들어갈 수 없는 정도의 규모를 10만 명으로 봤고요. 그러다 이북이 진짜 쳐들어와서 전쟁을 해 보니까 그 걸로는 부족한 거예요. 그래서 나중에 20만으로 늘리죠. 그러다가 새로운 요구가 생깁니다.

　냉전 시기에 미국은 세계의 '경찰국가'를 자임했잖아요. 세계 곳곳의 분쟁에 개입했습니다. 그런데 군대를 보내려면 절차가 복잡해요. 자국의 반전 여론도 신경을 써야 합니다. 그럴 때 한국 같은 나라에서 파병해 주면 얼마나 좋겠어요.

◀ 1965년 10월 12일 열린 맹호부대 베트남 파병 환송식. 여자 고등학생들이 군인들에게 꽃을 달아주고 있다.

미국은 한국에 일종의 방범대원 역할을 원했던 겁니다. 제가 어렸을 때는 방범대원이라는 게 있었어요. 경찰을 보조하는 역할을 합니다. 밤마다 딱딱이를 들고 다니면서 순찰을 돌았죠. 정규 경찰인원만으로 치안이 안 되니까 보조원을 쓰는 겁니다. 미국 입장에선 그런 역할을 할 나라가 필요했던 겁니다. 한국 자체의 방위 목적만으로 병력 규모가 늘어난 것은 아니에요. 실제로 베트남 전쟁 때 한국군 많이 갔죠. 이후 무슨 일만 있으면 한국군이 불려 나가잖아요. 아프가니스탄 전쟁, 이라크 전쟁 때도 불려 갔습니다.

그런데 미국의 우방이 우리나라 하나는 아니잖아요? 그런데도 한국군이 미국의 방범대원 역할을 하는 건 쓸데없이 숫자가 많아서 그렇습니다. 미국이 군대를 요청했을 때 다른 나라는 사람이 없어서 못 보낸다고 할 수 있어요. 그런데 우린 그런 말 못 하잖아요. 뻔히 보이는데. 미국 장성들이 한국군을 보면 침을 흘린답니다. 이렇게 우수하고 규율이 바로 잡힌 병사들을 가진 당신 나라는 얼마나 행복하냐고 말이에요. 그러니 미국에 무슨 일만 생기면 '홍반장'처럼 한국군이 가야 하는 거예요.

전후 우리나라는 몹시 가난했습니다. 그 많은 병사를 먹여 살릴 능력이 안 됐어요. 그럼에도 국제 정치 환경 때문에 규모를 키워 오게 된 거죠. 덩치가 커지다 보니 문제도 많이 생깁니다. 군대 관련 사고와 비리가 끊이질 않아요. 우리나라는 오랜 시간 동안 군대가 정치를 지배했습니다. 1961년부터 1992년까지 32년 동안 우리나라 대통령은 육

군사관학교 출신들이었어요. 게다가 장관의 3분의 1이 군 출신이었지요. 상황이 이렇다 보니 아무도 군대를 비판하지 못합니다. 거의 성역이 되다시피 했죠. 견제와 비판이 없으니 문제가 안 생기려야 안 생길 수가 없는 겁니다.

정치군인의 전성기가 지난 요즘은 조금 다른 이유로 군대 문제를 잘 못 풉니다. 2010년 천안함 사건이 일어났을 때 대통령 이하 정부 각료들이 모여 긴급안보 장관회의를 했습니다. 그런데 이때 모인 사람 중에 군대 갔다 온 사람이 국방부 장관 딱 한 사람뿐이었어요. 나머지 모두가 민간인이었다는 뜻이 아니라, 국민개병제인 나라에서 대통령을 필두로, 병역 의무를 정상적으로 마친 사람이 없었다는 뜻이에요. 상황이 이런데 군대 문제를 어떻게 해결할 수 있겠어요. 뭘 알아야 답을 내죠. 국민 앞에서 국방의 의무를 입에 올리는 것부터가 민망한 일입니다.

'삽질'은 계속된다

우리나라에서 병역은 참 복잡합니다. 단순하게 총 들고 나라 지키는 일만 하는 게 아니에요. 민간인과 생활하면서 전쟁과 상관없는 일을 하는 경우도 있었어요. 예컨대 전투경찰이 그렇습니다. 군인도 아닌 것이 경찰도 아닌 것이 애매한 신분이었지요. 주로 하는 일이라는 게 집회 시위 현장에 따라다니면서 이걸 막는 일이었습니다. 문제는 이들을 신병 중에서 뽑았다는 것입니다. 국방의 의무를 다하려고 간 사람한테 치안을 맡긴다는 게 적절하냐는 논란이 일었죠. 국방과 치안은 엄연히 다른 영역이잖아요. 국방이란 건 기본적으로 외적에 대항해서 싸우는 거고 치안은 대국민 서비스니까요. 결국 2012년 1월 육군 현역병의 전투경찰 차출이 중지되면서 이 제도는 폐지됩니다.

지금껏 유지되고 있는 공익 근무 요원도 논란 중입니다. 이들은 공공 기관의 업무를 보조합니다. 동사무소나 지하철에 가면 볼 수 있죠. 상근 예비역도 있습니다. 예전에 '방위'라고 불렀지요. 이들은 직장인처럼 출퇴근합니다. 그다음에 병역 특례도 있습니다. 군대에서 생활하

▲ 2008년 촛불 시위를 막고 있는 전투경찰.

는 대신 정부에서 지정한 기업체에서 일해요. 여기서 일하는 분들은 그냥 민간인처럼 직장 생활을 해요. 월급도 일반 사병보다 훨씬 많이 받습니다.

여기서 잠깐 병사 월급 이야기를 하고 넘어가지요. 여러분, 2002년 도 〈한겨레21〉 추석 특집호 제목이 뭔지 아십니까? "대한민국 사병은 거지인가"였습니다. 특집 기사를 통해 군인들 월급 문제를 정면으로 다뤘는데요. 당시 육군 병장 월급이 2만 원이 안 됐어요. 일당으로 치면 700원도 안 되는 셈입니다. 그때 서울 지하철 요금이 700원이었어요. 하루 종일 '삥이'를 쳐도 지하철 표 한 장 못 끊습니다. 이걸 이슈화하자고 제안한 게 저였습니다. 제가 대한민국 병사 월급 올리는 데 공이 커요. (웃음) 우리보다 국민 소득이 훨씬 낮은 몽골도 평균 노동자 임금의 30퍼센트 수준입니다. 우리나라 평균 임금이 200만 원이라고 생각하면 적어도 60만 원은 되어야 하는 거예요. 기사가 나가자 여론 이 부글부글 들끓었습니다. 그해 겨울 대통령 선거에서도 이슈가 되었고요.

제가 처음으로 병사들의 월급 문제를 제기한 이유는 그러면 나라에 서 함부로 군인들을 뽑아 쓰지 않을 거 아니냐는 생각 때문이었습니다. '공짜'니까 막 쓰는 거잖아요. 우리가 군대 가면 뭐합니까? 정말 나라 지키는 일 하나요? 흔히들 우리가 쓸데없는 일 한다고 할 때 "삽질한다"고 합니다. 이게 원래는 군대 용어예요. 군인 수는 늘려놨는데 시킬 게 없는 거예요. 그래서 하루 종일 삽질을 합니다. 옛날에 제가 군대에 있을 때 저희 부대원들은 진짜로 뒷산 하나를 삽으로 다 팠습니다. 연대장님 편하게 지나다니시라고요. (웃음) 지금 우리나라가 전 세계에서 학력이 제일 높아요. 군대에도 고급 인력이 많습니다. 그런 사람들을 불러서 고작 그런 무의미한 일을 시키는 거예요. 한국군이 세계 최고 학력의 삽질 부대라는 말도 있어요. 군대 생활하면서 힘들었던 게 인생의 가장 아름다운 시기를 삽질이나 하며 보낸다는 생각이었어요.

미국만 해도 상대적으로 학력이 낮은 사람들이 군대에 갑니다. 그쪽은 모병제잖아요. 월급도 줍니다. 그래도 지원하는 사람이 적으니까 아예 시민권을 줍니다. 불법 체류자, 이민자, 이런 사람들이 대거 군대로 갑니다. 영어도 못하고 범죄율도 상당히 높고 그러죠. 그래도 그쪽 군대는 세계 최강이에요. 우리처럼 '쪽수'로 싸우지 않거든요.

우리나라 군대는 학력이 안 받쳐 주면 못 갑니다. 가야 할 사람은 많고 수용할 인원은 한정되다 보니까 학력이 안 되는 사람을 아예 받질 않는 거예요. 가고 싶어도 못 가는 경우가 있는 거죠. 그만큼 우리나라 병사 학력이 높습니다. 평균 학력이 14년 3개월이에요. 보통 대학교 2학년 마치고 군대에 간다는 얘깁니다. 외국 같으면 장교 학력이에요.

그런데 이런 사람들이 군대에 가면 어떻습니까. 포크레인 한 대면 금방 될 걸 일개 중대를 동원해서 종일 땅을 팝니다. 보통 사회 같으면 그렇게 안 하죠. 사람 쓰는 데 돈이 더 들잖아요. 중대원 120명을 일당 5만 원만 쳐도 하루에 600만 원 비용이 드는 셈입니다. 반면에 포크레

인 한 대 부르는 값은 기십 만 원이지요. 당연히 사람 대신 포크레인을 쓰겠죠. 그런데 군대는 그렇게 안 합니다. 일당이 1000원도 안 됐으니까요. 그렇게 사람값을 우습게 아는 조직이 효율적일 수 있을까요? 인력이 남아도니까 계속 삽질만 시키는 거예요. 사회 변화에 맞게 군대도 슬림화, 정예화해야 합니다.

한국 징병제의 역사

병역 제도는 크게 징병제와 모병제로 나눌 수 있습니다. 모병제란 지원을 해서 직업 군인이 된 후 월급을 받는 거고요. 징병제는 의무로 가는 겁니다. 모병제 나라의 군인들은 월급을 민간인보다 많이 받습니다. 당연하죠. 위험하니 이런저런 수당을 더 줘야 하잖아요. 안 그러면 누가 군인을 직업으로 삼겠습니까. 그래서 모병제에 반대할 때 '예산 부족'이라는 논리를 댑니다. 얼핏 보면 맞는 거 같습니다. 징병제 하면 '공짜'로 쓰는데 모병제 하면 비싼 월급을 나랏돈으로 줘야 하잖아요. 그런데 정말 그럴까요? 20대의 우수한 젊은이들이 군대에 가면서 발생하는 기회비용이라는 게 있습니다. 한 사람이 군대 가는 대신 생산 활동을 했을 때 벌어들일 수 있는 돈, 이걸 비용으로 치는 겁니다. 연봉 3000만 원의 경제 능력이 있는 사람이라면 2년 동안 6000만 원의 기회비용이 발생하는 거죠. 수십만 군인 수로 환산하면 엄청난 돈입니다. 이걸 감수하고 군대에 가는 겁니다. 말하자면 모병제는 정부가 돈을 지출하는 것이고 징병제는 국민이 돈을 내는 것이죠. 그러니 국가 경제 차원에서 징병제가 모병제보다 싸다는 건 근거가 없습니다.

우리나라 군대는 필요 이상으로 사람을 잡아 두고 있어요. 실제 전쟁에서 필요한 인원은 20만 내지 30만이면 충분할 겁니다. 한국 전쟁 때도 20만으로 싸웠으니까요. 그럼에도 70만 가까운 병력을 유지하느라 엄청난 세금이 들어가고 있잖아요. 군인들 입고 먹고 잠자는 데 얼마나 큰 비용이 들어갑니까.

▲ 국군의 날 20돌을 맞이하여 1970년 10월 1일 여의도 '민족의 광장'을 가로지르는 국군의 시가행진 모습.

다시 병사 월급 문제로 돌아오면, 한국은 지금 세계 10위권을 넘나드는 경제 강국이에요. 거기에 걸맞게 병사들에게도 최저 임금을 지불해야 한다는 게 제 생각입니다. 우리 헌법에 보면 39조 1항에 "모든 국민은 병역의 의무를 진다"고 되어 있어요. 징병제가 명시되어 있는 거지요. 그런데 이어서 2항에 "누구든지 병역 의무의 이행으로 인하여 불이익을 받지 아니한다"고 쓰여 있어요. 그런데 한번 생각해 보세요. 정말 불이익을 받지 않나요? 우리나라 젊은이가 현역으로 가서 열심히 군 생활을 했는데 2년 동안 500만 원도 안 줘요. 병역 특례로 방위산업체에 간 친구는 2000만~3000만 원을 버는데. 이런 손해를 왜 개인이 감당해야 하죠?

다들 군대 가면 손해 본다는 생각들을 합니다. 형평성이 심각하게 깨져 있기 때문이에요. 유승준만 욕할 것이 아니에요. 유승준은 법을 어기지는 않았어요. 우리가 배신감은 느낄 수야 있겠죠. 그는 여전히 한국에 들어오지 못합니다. 입국 금지가 되었기 때문이에요. 이렇게 감정적으로 풀 게 아니라 실질적으로 병역 의무의 형평성을 높이자는 게 제 주장이에요. 월급을 현실화하든 법을 고쳐서 모병제로 가든 방법은 여러 가지가 있겠지요.

한국의 병역 제도와 관련해서 또 하나 말씀드릴 것은 주민등록 제도입니다. 한국군이 처음 생겼던 때와 지금의 차이 중 하나가 바로 국가가 여러분 한 명 한 명의 인적 사항을 파악하고 있다는 것입니다. 예전엔 어디 사는 누구인지 잘 몰랐어요. 본인이 누구라고 얘기하면 그런가 보다 했죠. 그런데 세계에서 유일하게 한국만이 가지고 있는 주민 등록 제도가 생기면서 그렇게 됐습니다. 여러분, 주민등록증 만들 때 열 손가락 지문을 다 찍잖아요. 남들도 다 하니까 넘어가긴 하지만, 따지고 보면 이건 심각한 인권 침해입니다. 잠재적 범죄자로 취급하는 것이니까요. 가까운 일본에서 재일교포 지문 날인이 문제가 된 적이 있습니다. 외국인 등록할 때 왼손 검지를 날인하게 했는데 자국민들한테는 이걸 안 시키거든요. 왜 재일 교포를 차별하느냐는 거였죠. 많은 이들이 거부했습니다. 일본에서 사회적으로 이슈가 된 적이 있었습니다. 그런데 한국인들은 열 손가락 다 찍습니다. 생년월일, 성별, 출생지에 따라 부여된 고유 번호를 하나씩 발급받아요. 완벽하게 인구 조사를 합니다. 전 세계 어디에서도 이렇게 국가가 개인을 완벽하게 파악하고 있는 곳이 없습니다.

주민등록 제도는 박정희 때 시작됩니다. 당시는 모든 성인 남자는 한 명도 빠짐없이 군대에 가야 했습니다. 사회 지배층 자녀도 예외가 아니었습니다. 일단 군대에 간 다음에 편한 곳으로 빠지는 건 눈 감아 줬지만 어쨌든 군대는 가야 했지요. 그래서 1970년대에는 병역 기피율이 거의 제로였어요. 거기엔 주민등록 제도의 역할이 컸습니다. 그전에는 병역 기피율이 높았어요. 국가의 행정력이 약해서 누가 군대에 갈 사람인지, 그 사람이 어디 사는지 알 수가 없었거든요. 그러다 주민 등록이 생기면서 속속들이 파악하게 됩니다. 모조리 군대에 보낼 수 있게 된 거예요. 그러면서 군인의 수도 급격하게 늘어납니다. 게다가 인구도 늘었잖아요. 복무 기간은 그대로인데 사람이 많아지니까 당연히 병력 규모는 커질 수밖에 없죠. 유지하기도 힘듭니다. 그러다 보니까 이상한 병역 제도가 생겨요. 집에서 출퇴근을 시키고, 6개월만 다니게 하고, 특정 산업체에서 일하는 사람은 면제해 줍니다. 박정희 독재에 항의하는 사람들의 시위를 막을 때 남아도는 군인들을 가져다 써요. 청년들을 모아서 전투경찰을 만들었습니다. 면제율도 높아졌습니다. 한때 현역 이외의 방식으로 병역 의무를 마치는 사람의 비율이 100명 중 45명에 이를 때도 있었습니다. 이 정도면 거의 '의무'라고 할 수가 없죠. 그런데 누가 군대를 안 갔습니까? 돈 있는 집, 권력 있는 집 자식들이 그랬죠.

역사적으로 국민개병제는 민주주의와 깊은 관련이 있습니다. 유럽에서 프랑스가 1789년 혁명을 통해 공화제를 세웠지요. 영국 같은 나라들은 무혈 혁명을 했고 다른 나라들은 혁명을 거치지 않고 민주주의로 이행했습니다. 당시 프랑스 군대가 유럽 전체를 휩쓸고 다녔는데, 여기엔 나폴레옹 개인의 뛰어난 전략도 있었지만 국민개병제의 역할이 컸습니다.

혁명으로 전제주의를 무너뜨린 프랑스 시민들은 언론·출판·집회의 권리, 투표할 권리, 교육받을 권리 등을 얻게 됩니다. 땅에 묶여 있던 농노들에게도 거주 이전과 직업 선택의 자유가 주어졌죠. 누구나 부를 축적하고 신분을 상승시킬 기회를 얻게 되었습니다. 그러자 위협을 느낀 왕정 국가들이 군대를 조직해서 프랑스로 쳐들어왔습니다. 자기 나라에도 혁명이 일어나면 큰일이잖아요. 그때 나와서 싸운 사람들이 누구예요. 바로 프랑스 시민들입니다. 프랑스는 혁명과 동시에 국민개병제로 대규모 군대를 조직합니다. 이들이 귀족이나 용병으로 구성된 다른 나라 군대보다 훨씬 강력했던 거예요. '제복 입은 시민'인 병사 한 명 한 명이 싸울 이유가 충분했습니다. '이 전쟁에서 이겨야만 나도, 내 자식도 시민으로 산다. 지면 농노로 돌아간다….' 이걸 보고 19세기 제국주의 경쟁의 시대에 유럽 각국의 귀족 등 기득권 층도 부국강병을 위해서는 일정 정도 민주주의가 불가피하다고 생각해 민주주의를 받아들인 겁니다. 유럽에서 군대 제도가 그렇게 개혁되었습니다.

우리나라는 대한제국 때 징병제 얘기가 있었다가 고종 황제가 반대합니다. 왕 입장에서 보면 피지배 계급을 교육하고 무기를 쥐여 주는 거잖아요. 혹시라도 반란이 있지 않을까 걱정했던 거죠. 실제로 동학 농민 전쟁 때 농민들이 군대를 만들어서 왕궁으로 쳐들어왔었고요. 그러다가 징병제가 전격적으로 시행된 게 일제 강점기인 1944년입니다. 그런데 일제도 똑같은 고민을 했죠. 언제 그들이 자기들을 향해 총부리를 겨눌지 모르잖아요. 그래서 한편으로 조선인들을 동화시킬 목적으로 '국민학교'를 설립합니다. 당시 '국민'은 '황국신민'의 줄임말이었습니다. '황국'이라는 게 일본 천황의 나라잖아요. 조선 백성을 일제의 충실한 신하로 키워 내자는 게 학교 설립의 목적이었습니다. 여기서 권리를 가진 민주 시민들에 기반을 둔 유럽의 징병제와 결정적인 차이가 생깁니다.

아까 말씀드렸다시피 유럽의 징병제는 '시민의 권리'를 전제로 하잖아요. 그래서 징병 제도와 더불어 가장 중요한 것이 투표권이었습니다. 투표권이 있는 사람만 군대에 갔지요. 국가의 주체인 시민으로서 병역의 의무를 다하는 겁니다. 그런데 '신민'은 어때요. 권리가 없잖아요. 의무만 있습니다. 당시 일제는 "조선 사람은 열등해서 그동안 군대에 못 갔는데 천황 폐하가 바다와 같은 은혜를 베풀어서 황군의 병사가 될 수 있게 되었다"고 선전했어요. 일본 제국주의의 군인이 되는 걸 영광으로 알라는 거죠. 그러다 결국 일제가 패망하고 그 자리에 한국군이 들어섭니다.

한국에는 정규군 외에도 "일하면서 싸우고 싸우면서 일하는" 향토예비군이 있습니다. 이 병력이 300만이고 민방위가 500만입니다. 성인 남성 대부분이 군인이에요. 1968년에 김영삼 전 대통령이 국회의원 할 때 향토예비군 폐지 법안을 제시했습니다. 김대중 전 대통령도 1971년 대통령 선거에 처음 나왔을 때 예비군 폐지를 공약으로 내세웠고요. 두 사람은 나중에 대통령이 되지만 예비군은 그대로였습니다. 왜 그랬을까요? 이걸 폐지하면 장성들 수가 줄어들게 돼요. 한 마디로 고급 군인들 일자리가 줄어드는 겁니다. 예비군을 관리하는 것도 군대의 일이잖아요. 그래서 그쪽 눈치를 보느라 계속 유지해 온 거예요.

한국군은 구조가 기형적입니다. 지금도 세계에서 10위권으로 군사비를 쓰고 있어요. 엄청난 돈이죠. 대신 교육이나 복지가 희생됐습니다. 군대 간 사람들은 또 그들대로 고생만 하고 와요. 계속 말씀드립니

▲ 1968년 서울시청 향토예비군 창단식.
참가범위는 22세부터 35세까지의 재향군인으로 시청산하 직원 700명이었다.

다만, 가장 좋은 방법은 징병제를 손보던가 아니면 복무 기간을 단축하고 군대 간 사람들을 제대로 대우해 주는 거예요. 그런데도 이걸 안 해요. 이런 상황을 유지해야 이득을 보는 사람들이 많은 겁니다. 대신 자꾸만 꼼수를 부리지요. 예컨대 사람들의 불만이 쌓이니까 폐지된 군 가산점제를 부활해 공무원 시험을 칠 때 다시 가산점을 주겠다고 해요. 여성계에서 난리가 났습니다. 차별이잖아요. 헌법재판소에서 위헌 결정을 내려서 지금 시행되고 있지는 않지만, 정부에서는 이처럼 어떻게든 폐지된 군 가산점제를 도입하려고 기회를 노리고 있습니다.

이건 남녀평등과 관련해서 굉장히 중요한 문제입니다. 남녀 차별이 심한 한국에서 여성들이 그나마 진출할 수 있는 분야가 공무원입니다. 지금은 공무원이 인기 직종입니다만 예전에는 일반 기업에 비해서 대우가 좋지 못했습니다. 다만 안정적이기 때문에 주로 여성들이 선호하는 직업이었어요. 그러다가 취업이 어려워지고 직장의 안정성이 떨어지니까 대거 남성들이 몰리게 됩니다. 경쟁이 치열하기 때문에 작은 점수로도 당락이 갈려요. 군 가산점을 줄 때였는데, 이런 상황에서 가산점은 엄청난 차별이 되었어요. 예컨대 96점 맞은 남자는 101점이 돼서 붙고 100점 만점 맞은 여자는 떨어지는 거예요. 이건 말이 안 되잖아요. 결국 보수적인 헌법재판소조차 위헌 결정을 내렸습니다. 그러자 예비역들이 난리가 났어요. 헌법재판소와 군 가산점 위헌 문제를 제기한 모 여자 대학교, 여성 단체 홈페이지가 마비되다시피 했습니다. 엄청난 전우애를 보여준 거예요. (웃음)

한국 사회에서 군대 다녀온 사람은 불이익을 받았습니다. 그렇다고 해서 또 다른 차별로 보상받으려고 해서는 안 돼요. 그걸 민주적으로 해결하는 것이 우리 사회에서는 매우 중요한 문제입니다.

군대와 인권

군대와 연관 지어 또 하나 생각해야 할 것이 바로 인권 문제입니다. 여러분, 군대 다녀와야 사람이 된다는 말 들어 봤어요? 어른들이 많이 하는 말씀이죠. 사실은 남녀 차별 등 엄청난 문제를 갖고 있는 말이기도 합니다. 그럼에도 우리 사회에서 그런 말이 힘을 발휘할 수 있는 데에는 여러 배경이 있어요.

지금은 대한민국이 잘살고 교육 수준도 높아졌지만 1950년대만 해도 문맹률이 굉장히 높았어요. 깊은 산골에서 전기도 없이 지내다 보니 자기 이름 석 자도 못 쓰는 경우가 부지기수였습니다. 지금이야 각자 주머니에 개인용 전화기를 넣고 다니지만 1950년대에는 100호쯤 사는 동네에 전화기 한 대 있을까 말까 했습니다. 그러던 사람들이 군대를 오면 어떻게 돼요? 그야말로 개명을 합니다. 자동차 타죠, 전화 쓰고 밤에도 전깃불 아래서 생활합니다. 게다가 학교에서 배우지 못한 것도 군대가 가르치면서 교육 기관 역할을 했습니다. 제대하기 석 달 전쯤에 따로 사병들을 모아서 농사짓는 법을 가르쳤어요. 요즘 많이 하는 자연농법 말고 농약 치는 법을 배웁니다. 그래야 생산량이 늘어나니까요. 가축 치는 법도 배웁니다. 서양에서 들여온 돼지와 닭치는 법을 배웁니다. 이때부터 우리나라 가축의 품종이 바뀌기 시작해요. 토종닭은 알을 잘 안 낳죠. 요즘 닭들은 매일 낳습니다.

군대 가기 전에는 자기 이름 석 자도 못 쓰던 사람이 군대 다녀오더

니 글 읽죠, 기계 다룰 줄 알죠, 새로운 농법 배워 오죠…. 어때요, 정말 사람이 달라지지 않습니까? 50, 60년대가 그랬습니다.

그러다가 1970, 80년대가 되면 병영 체제가 강화되고 군대 생활도 훈육 중심으로 바뀌어요. 당시 회사에서 사람을 뽑을 때 '군필자 우대'라고 했어요. 군대 다녀온 사람을 우선하겠다는 거지요. 지금은 그랬다간 법에 걸립니다. 여자나 군대 면제받은 사람을 차별하는 것이니까요. 그런데 군필자를 우대한 이유가 능력이 뛰어나서가 아니라 말을 잘 듣기 때문이었습니다. 70년대가 되면 국민들이 웬만큼 읽고 쓰고 할 수 있게 되잖아요. 일 시키기에 부족함이 없었습니다. 그러니 같은 값이면 군대식으로 말을 잘 듣는 사람을 데려다 쓰겠다는 거예요.

요즘은 거의 없어졌다고 하지만 예전에는 군대에서 구타와 체벌이 심했습니다. 이건 구조적인 문제였어요. 암만 좋은 사람도 군대에서는 고참 되면 안 때리고 넘어간 사람 거의 없을 겁니다. 사회에서는 보통 권리를 박탈시키는 식으로 처벌합니다. 죄를 지으면 신체의 자유를 제한한다거나 벌금을 매기잖아요. 그런데 군인은 박탈시킬 권리가 없어요. 일반 회사 같으면 잘못을 저질렀을 때 감봉이라도 하지만 아무런 권리도 갖지 못한 사병들은 어쩌겠습니까. 오로지 두들겨 패는 거예요.

처음에는 영문도 모르고 열심히 맞아요. "비 오는 날 먼지 펄펄 나게" 맞는다고 하죠. 극심한 구타에 대한 비유입니다. 그런데 누가 그렇게 때렸을까요? 바로 얼마 전까지 "비 오는 날 먼지 펄펄 나게" 맞던 사람들이에요. 우리나라 군대는 병(兵)이 병(兵)을 통제하는, 힘이 지배하는 사회입니다.

70, 80년대는 군대 바깥도 마찬가지였습니다. 군대식 조직 관리 방식이 사회에도 그대로 적용됐어요. 나라 전체가 하나의 군대였던 군사 독재 시절이었습니다. 직장에서도 군사 문화가 판을 치죠. 군대 다녀온 사람들이 자기들 했던 방식대로 생활한 거예요. 윗사람 눈치 볼 줄 알고 아랫사람 관리 잘하는 사람이 승진합니다. 그런데 이런 군대 방식이 왜 먹혔느냐, 거기엔 나름대로 이유가 있습니다.

군대 조직이라는 게 겉보기에는 단순해 보이지만 그렇지 않습니다. 복잡해요. 불공평한 사회인 것 같지만 한편으로 평등하거든요. 군대에는 '짬밥'이란 게 있어요. 군대에서 먹은 밥그릇 수를 말하는 거죠. 군대 생활은 오래 하면 할수록 계급이 올라가요. 우리 사회에서 군대 빼고 밥그릇 숫자만큼 공평하게 신분이 올라가는 경우는 없어요. 군대가 유일합니다. 부잣집 아들이건 가난한 집 아들이건 짬밥이 가장 중요한 거예요. 사회에서 대우 못 받고 차별받던 사람들이 군대에 와서 신분 상승을 경험합니다. 맨 밑바닥에서 최고까지 올라가는 거예요. 역할 변화를 경험합니다.

'쫄다구'일 때는 내무반에서 신발 가지런히 정돈하는 것부터 합니다. 그러다가 후임이 들어오면 빗자루를 잡고, 그 뒤에 걸레를 잡고 하는 식으로 하는 일이 바뀌어요. 이렇게 자주 승진하고 역할이 바뀌는 데가 없을 겁니다. 고생에 대한 보상을 받는 거잖아요. 이런 과정을 겪으면서 처세를 배웁니다. 내가 잘못했다고 깨지는 게 아니라 '쫄다구'

관리 똑바로 못 하느냐고 깨지는 거죠. 조직 내에서 자신이 어떻게 행동해야 하는지, 힘센 사람에게 어떻게 해야 하는지, 나보다 약한 애들은 어떻게 다뤄야 하는지, 이런 것들을 군대에서 배우는 거예요.

한때 유행했던 책 제목 '내가 정말 알아야 할 것은 유치원에서 배웠다'처럼 대한민국 남자들은 '군대에서 배웠다'고 해야 합니다. 그렇게 해서 만들어진 특유의 조직 문화에 군대 안 다녀온 사람이나 여성들이 적응하기 어렵겠죠. 그러다 보니 '군필자 우대'라는 것이 생기고 '군대 다녀온 사람이 일 잘한다'는 통념이 자리 잡은 겁니다.

여러분, 군대에서 1년에 몇 명이 죽는지 아세요? 지난 10년간 한해 평균 120명 정도가 죽었습니다. 위험한 곳이라 군대 바깥보다 훨씬 사고가 많을 거 같지만 그렇지 않아요. 오늘날 군대의 사망률은 민간보다 높지 않습니다. 당연한 일이죠. 전시(戰時)도 아닌데, 그런데 원래부터 그랬던 건 아닙니다. 옛날로 거슬러 올라가면 상황은 달라집니다. 1950년대에는 2000명, 1960~70년대에는 1500명이 죽었어요. 그러다가 1980~90년대 들어 700~800명으로 확 줄어듭니다. 1987년 6월 항쟁을 기점으로 수치가 떨어지기 시작해요.

민주화되면서 죽는 사람이 줄어들었습니다. 1970년대 군대의 사망률이 얼마나 높은 거냐면, 예컨대 이라크 전쟁 때 미국 군인들이 1년에 800명 정도 죽었어요. 그런데 한국의 군대에서는 전시도 아닌데 그 두 배나 많은 사람이 죽은 거예요. 말이 안 되는 얘기죠. 왜 이렇게 많은 사람들이 군대에서 죽어 갔을까요.

그전에는 군대가 성역이었습니다. 무슨 일어 벌어졌는지 알 수가 없었어요. 구타로 죽어도 자살로 처리됩니다. 희생자 가족에게는 사망 통지서와 유골만 보내고 끝이에요. 억울하고 답답해도 어디 호소할 데가 없었습니다. 그러다가 민주화가 되니까 군대의 문제를 사회가 들여다볼 수 있게 된 겁니다. 군대 문제를 말할 수 있게 되면서 군대가 좋아졌죠. 군인의 인권과 생명이 존중되기 시작했습니다. 지금은 임병장 사건, 윤일병 사건 같은 것이 언론에 자주 보도되니까 군대에서 사고가 엄청나게 많아진 것 같지요? 이런 사건들이 전에는 묻혀 버렸는데, 지금은 신문에 나고 방송에 나기 때문에 그렇게 보일 뿐입니다. 실제로는 10분의 1로 줄어든 거예요.

지난 수십 년 동안 군대는 한국 사회를 지배했어요. 모든 게 군대식이었습니다. 안 되는 것도 밀어붙이고 만사를 폭력적으로 해결했지요. 군대는 힘의 조직이잖아요. 그 결과 우리 사회에 서열을 따지고 힘으로 굴복시키려는 태도가 만연해졌습니다. 군대는 상명하복이죠. 그걸 민간인에게 평시에도 적용하려는 자들이 힘을 가지고 있었습니다. 그러다 보니까 사회가 숨이 막히죠. 학교가 왜 그렇게 숨 막히는 곳이 되었느냐, 우리나라 학교의 기원이 일제 강점기 군인을 키워 내기 위한 기관이었기 때문입니다. 해방 후에도 잔재가 남았습니다. 이러한 역사적 맥락을 알아야 해요.

한국 초·중·고생에게 가해지는 통제의 근원이 군대에 있다는 점을 이해하는 것이 중요합니다. 군대의 문화는 군대 안에서만 적용되어야

합니다. 그러지 않으면 민주적이고 인간적인 사회를 만들어가는 데 걸
림돌이 됩니다. 우리의 역사가 이를 증명합니다.

일곱 번째 강의

강남 개발의 역사

상전벽해의 도시, 서울

이번 강의의 주제는 강남입니다. 지금은 강남과 강북이 확연히 갈라져 있지만, 서울이 원래 강북 중심이었죠. 서울의 옛 지명이 뭔지 혹시 아세요? 한양(漢陽)이지요. '한'은 한강이고 '양'은 볕 '양' 자인데 '강의 북쪽'이라는 뜻이 있습니다. 그래서 한양이란 한강 북쪽을 의미했죠. 원래 서울은 '강북'이었다는 얘기입니다. 중국에는 낙양(洛陽)이라는 도시가 있습니다. 낙수(洛水) 즉, 황허 강의 북쪽이라는 뜻입니다. 예전 지명에 양(陽) 자가 붙은 곳이 많은 걸로 봐서 주로 강북 쪽에 도시가 형성되었었나 봅니다.

서울은 지난 50~60년, 길게 보면 100여 년 사이에 크게 성장했어요. 기록에 의하면 조선 초기 세종 때 서울 인구가 10만이 채 안 됐어요. 그러니까 도읍을 정했을 초기에는 훨씬 적었겠죠. 당시 인구 10만이면 아주 큰 규모입니다. 조선 후기에 이르면 인구가 두 배로 뜁니다. 그러다 오늘날 인구 1000만 명이 넘는 대도시가 된 거에요. 그 과정에서 많은 변화가 있었는데, 그중에서 오늘 여러분께 드릴 말씀은 한국에서 강남과 강북으로 상징되는 빈부의 문제, 특히 부동산의 문제입니다.

부동산은 어제오늘 문제가 아닙니다. 우리가 오래전부터 농사를 짓는 나라였기 때문에 땅 문제는 아주 심각했어요. 박경리의 『토지』라는 대하소설이 있습니다. 구한말 사대부 집안의 3대에 걸친 이야기지요. '토지'와 여기에 얽힌 삶을 통해 당시 시대상이 아주 잘 보여 주고 있습니다. 땅을 부르는 이름도 다양해요. '토지'라고도 하고 '대지'라고도 합니다. 그런데 이걸 '부동산'이라고 불렀을 때는 좀 다릅니다. 재산, 소유권, 이런 느낌이 강하게 들죠. 오늘날 부동산은 경제적 지위를 갈음하는 결정적인 요소입니다.

여러분, 혹시 상전벽해(桑田碧海)라는 말 들어 봤어요? 뽕나무 밭(桑田)이 푸른 바다(碧海)가 되었다는 말이에요. 그만큼 세상이 많이 변했다는 것을 의미합니다. 우리나라 강남에 딱 들어맞는 말이기도 하고요. 지금 강남 땅값이 엄청나게 비싸잖아요. 그런데 예전에는 그냥 버려진 땅이었어요. 지명을 보면 잘 알 수 있습니다. 잠실(蠶室)의 '잠'은 누에를 가리킵니다. 문자 그대로 누에를 치는 방, 즉 뽕나무밭이었지요. 지금은 고층 아파트촌이 되었죠. 압구정(狎鷗亭)의 '압'은 벗한다는 뜻이고, '구'는 갈매기를 말해요. 갈매기들이나 거닐던 아주 한적한 모래밭이었죠. 지금은 대한민국에서 땅값 비싼 곳으로 손꼽히죠. '금싸라기 땅'이 된 게 불과 40~50년 사이예요. 경제가 급성장하고 땅값이 치솟으면서 부동산 부자가 속출합니다.

부동산은 우리 사회에서 엄청난 영향력을 가지게 됩니다. 좀 어려운 말로 표현하자면 '규정력'이 있습니다. 부동산을 가진 사람들은 승승장구했습니다. 이들에게 부가 집중되었고 반면, 그렇지 못한 사람들의 삶은 더욱 황폐해졌습니다. 이 문제를 풀지 못하면 사회 갈등을 해결할 수가 없어요. 이와 관련해서 서울의 성장 과정을 한 번 살펴보겠습니다.

조선 초기 10만이었던 서울 인구가 500년 동안에 딱 2배로 늘었다고 했죠. 1910년, 즉 조선이 망할 때 20만 명쯤이 되었습니다. 지금은 서울 인구가 1000만 명쯤 되죠? 100년 사이에 50배가 늘어버린 거예요. 추이를 보면, 1945년 해방 무렵에 100만명이었으니까 일제 강점기 36년 동안 5배가 늘었다가, 해방 후 지금까지 60년 사이에 10배로 늡니다.

서울에 살지는 않지만 출퇴근하는 사람들도 많습니다. 넓게 수도권 개념으로 보면 서울과 그 주변 지역에 2000만 명 가량이 산다고 할 수 있습니다. 영국의 런던을 보면 100만 명이 800만 명 되는 데 140년쯤 걸렸어요. 서울이 얼마나 단기간에 급성장했는지 보여 줍니다.

제가 서울 토박이예요. 큰집이 계동이었고, 우리 집은 사직동이었어요. 서울 한복판이죠. 그런데 믿기 어려우시겠지만, 제가 국민학교 5학년 때까지, 1970년까지 옆집이 초가집이었어요. 골목으로는 소나 말이 끄는 우마차가 다녔고요. 옛날 사진을 보면 눈 오는 날 동네 아이들이 썰매를 타고 있어요. 집 앞에서 공 차고 놀던 기억도 있습니다. 그때는 차도 없었고 집도 많지 않아서 공터가 있었습니다. 그런데도 당시 베스트셀러가 된 소설 제목이 '서울은 만원이다'(이호철, 1966)였습니다. 당시 서울 인구가 300만 명쯤 됐으니 지금의 3분의 1 수준인데도 말이죠. 이후로 사람들이 계속 서울로 몰려들었습니다. 2, 3년마다 인구가 100만 명씩 늘어났습니다.

옛날에 '달동네'라고 있었습니다. 1980년대가 되어서 나온 말이고, 그전에는 '판자촌'이라고 불렀죠. 요즘은 거의 남아 있지 않지만 예전에는 서울 시내 곳곳에 이런 집들이 많았습니다. 서울 도심인 청계천도 대표적인 판자촌이었어요. 그랬다가 1970년대에 지금의 성남시. 예전엔 경기도 광주군이죠, 거기다가 강제로 이주를 시켰습니다. 성남이 지금은 아주 큰 도시입니다만, 그렇게 된 지 불과 40여 년밖에 안 돼요. 서울 도심에서 생활하던 사람들을 허허벌판으로 몰아냈으니 어땠겠어요. 지금은 대중교통이 잘 되어 있지만 그때는 서울로 나오는 버스도 잘 없었어요. 그래서 사람들이 폭동을 일으킨 적도 있었습니다. 이른바 '광주 대단지 사건'*입니다.

----

*   1971년 경기도 광주군(현 성남시) 신개발지역 주민들이 도시를 점거한 사건. 서울시는 2만 1372가구 10만 1325명을 광주대단지로 이주시켰다. 당시 도시 빈민이던 이주 주민들은 생계 대책을 요구하였으나 행정 당국이 이를 묵살하고 오히려 과중한 세금을 부과하는 등 갈등이 고조된다. 마침내 8월 10일 서울시장이 주민과의 대화 약속을 파기하자 격분한 주민들이 지역 내 토지 불하 가격 인하·취득세 감면·세금 부과 연기·긴급 구호 대책 마련·취역장 알선 등을 요구하며 도시를 점거한다. 결국 서울시는 이날 오후 이주 단지의 성남시 승격과 함께 주민의 요구를 무조건 수용할 것을 약속한다.

▲ 1965년 서울 양동 무허가 판자촌 철거 현장 모습.

서울로 사람이 몰리니까 문제가 계속 생깁니다. 당시 상황이 어땠는
지 일화를 하나 들려 드리지요.

어느 날 국회에서 서울시장을 불러놓고 따집니다. "도대체 왜 이렇
게 일을 안 하느냐, 당신이 시장이 된 다음에 서울시가 달라진 점도 없
다"라고 말이죠. 그랬더니 엉뚱하게도 "일을 안 하는 것이 저의 정책
입니다"라고 답변해요. 대놓고 국회의원을 무시한 거죠. 국회의사당

이 뒤집힙니다. 국가 공무원이면 국민의 대표인 국회의원 앞에서 공손해야 하잖아요. 야단을 맞더라도 알겠다, 앞으로 열심히 하겠다, 이게 상식입니다. 국회의원들이 소리를 지르고 난리가 납니다. "당신 태도가 그게 뭐냐?" 하고 따졌더니 서울시장의 하소연이 걸작이에요. "의원님도 제 입장이 되어보세요. 지금도 전국 각지에서 서울로 사람들이 몰려오고 있습니다. 제가 일을 열심히 해서 서울이 살기 좋아지면 인구 집중이 더 심해질 텐데 그걸 감당할 수 있겠습니까?" 국회의원이 잠시 할 말을 잊었다는 웃지 못할 이야기입니다.

1960년대는 한국에서 경제 개발 계획이 시작되었던 시기입니다. 그때 '무작정 상경'이라고 해서, 스무 살 안팎의 젊은이들이 서울로 몰려들었습니다. 인구가 급속도로 늘어나죠. 당시 「서울의 찬가」(1969년)라는 노래가 유행했습니다. "종이 울리네. 꽃이 피네. 새들의 노래. 웃는 그 얼굴" 가사가 이렇습니다. 서울에 가면 잘살 수 있을 거라는 '서울 드림'을 품고 사람들이 몰려든 거예요. 지금은 서울시장을 국민이 직접 뽑지만 그때는 대통령이 임명했습니다. 박정희가 군인, 그것도 공병 출신을 시장으로 임명합니다. 공병(工兵)은 군대에서 건축과 토목을 담당합니다. 건물 짓고 길 내고 하는 거예요.

사람들이 몰려든 데는 막연한 기대도 있었지만 실제로 일자리가 많았습니다. 당시는 공장도 대도시에 몰려 있었어요. 공장은 노동자가 필요했고 노동자는 일자리가 필요했습니다. 그래서 시골에서 농사짓던 사람들이 서울로 오고 그러다 보니 인구가 늘어납니다. 그러면 공병 출신 시장이 집을 짓고 길을 내요. 그랬던 사람 중 유명한 인물이 김현옥입니다. 이 사람은 별명이 '불도저'였어요. 그다음 시장인 양택식은 지하철을 건설했다고 해서 별명이 '두더지'예요. "나의 종교는 건설이다!" 김현옥 시장이 했던 유명한 말입니다. 당시 분위기를 알 수 있죠.

당시 박정희는 김현옥 시장에게 서울의 무허가 건물을 정리하라고 지시합니다. 이에 주택 개량 사업을 하는 한편, 거주자 일부를 시민아파트로 이주시키고 나머지는 광주대단지로 보내겠다고 합니다. 그때 시민아파트 9만여 채의 건설 계획이 세워져요. 실적 올리는 데 급급했는지 대충대충 짓기도 했습니다. 당시에는 아파트에 엘리베이터가 없었습니다. 5층짜리 건물인데 걸어 올라가야 하니 꽤 고생스러웠죠. 안 그래도 힘든데 위치도 산꼭대기입니다. 사람들이 왜 멀쩡한 평지를 두고 이 높은 곳에 지었느냐고 하니까 서울시장이라는 사람이 이런 말을 해요. "그래야 청와대에서 잘 보일 것 아니냐?" 인왕산 중턱에 지어진 청운시민아파트와 관련한 일화입니다. 지금은 철거되고 대신 공원이 들어섰죠. 임명권자인 대통령한테 잘 보이고 싶었던 거예요.

사고도 있었습니다. 지금의 홍익대학교 근처 와우산 등성이에 지어진 와우아파트가 지은 지 4개월 만에 무너져요. 수십 명이 죽는 사고가 발생합니다. 결국 '불도저' 김현옥 시장은 이 일로 사퇴를 하게 됩니다.

이런 과정을 거치며 1970년대 중반이면 서울 인구가 600~700만 명

▲ 1970년 4월 8일 서민들의 거주 환경을 개선하기 위해 건립된
최초의 서민형 아파트인 서울 마포구 와우 아파트 붕괴 현장.

에 이릅니다. 경계도 확장을 거듭해요. 원래 한양이 사대문 안이었잖
아요. 동대문에서 서대문까지 걸어가면 한 40~50분 걸립니다. 남대
문에서 북문까지도 한 시간 좀 더 걸리죠. 그러니까 원래 '한양'은 아
주 좁은 곳이었어요. 무학대사가 도읍을 정하려고 풍수를 보러 다니다
가 도착한 곳이 '왕십리'였잖아요. 말 그대로 십 리를 더 가야 한다고
해서 붙여진 이름입니다. 거기서 십 리 더 가서 그곳을 궁궐터로 정했
습니다. 지금은 왕십리나 광화문이나 다 같은 서울이지만 그때는 전혀
다른 동네로 생각했던 거예요.

그러다 구한말이 되면서 서울은 사대문 안에 있는 지금의 종로, 중구와 함께 지금의 용산구, 서대문구, 동대문구, 성북구, 성동구, 마포구에 이르게 됩니다. 지금의 강남 3구가 서울에 편입된 건 1963년도예요. 그러다 70년대 이후 대규모 개발이 이루어지죠.

박정희는 왜 강남을 택했을까?

이처럼 서울의 덩치가 계속 커지니까 정부에서도 고민하기 시작합니다. 도시 환경도 환경이지만 '안보' 상 불리함도 논의되었죠. 지금은 한국 경제가 북한 경제를 압도합니다. 규모가 30여 배 차이가 납니다. 지금은 비교가 안 되지만 1960년대만 해도 남쪽이 북쪽에 뒤졌어요. 70년대 중반쯤에 남쪽이 따라잡은 것입니다. 어쨌든 냉전 시대였기 때문에 서울이 휴전선과 불과 몇십 킬로미터밖에 안 떨어진 곳에 있고, 인구가 계속 몰려드니까 걱정이 됩니다. 수도를 옮기자는 얘기가 나오기 시작해요. 노무현 대통령 때도 수도 이전을 놓고 논란이 많았는데, 기원을 따지자면 그렇습니다. 실제로 1977년 2월에 박정희가 행정수도를 이전하겠다고 선언했어요. 기획팀도 꾸려졌죠. 후에 박정희 대통령이 갑자기 죽지 않았으면 실행에 옮겨졌을 겁니다. 당시 수도 이전의 가장 큰 이유는 군사 안보였습니다. 노무현 대통령 때는 국토의 균형 발전이 목적이었죠. 박정희 대통령 때도 지역 균형 발전을 염두에

두지 않은 것은 아닙니다만 일차적으로는 군사 안보가 이유였습니다.

강남의 개발 과정을 살펴보도록 하겠습니다. 아시다시피 강남과 강북을 한강이 가로지릅니다. 그래서 예전엔 건너가려면 배를 탔어야 했지요. 그러다 한강 인도교가 처음으로 놓인 것이 1917년입니다. 일제 강점기 때 처음 한강에 다리가 생겼어요. 두 번째 다리인 제2한강교(양화대교)가 60년대 중반에 건설됩니다. 마포와 영등포를 연결했지요. 이어서 그 유명한 제3한강교(한남대교)가 1969년 12월에 준공됩니다. 한남동과 강남을 잇는 다리로 한 때 유행가 소재가 될 정도로 인기가 있었습니다. 이 다리는 후에 경부고속도로의 시발점이 됩니다. 다리를 건너가면 바로 강남구 신사동입니다. 강남이 처음 개발되기 시작한 곳이 그쪽과 지금 양재역 있는 곳이에요. 1970년대 들어서면서 강남 개발 열풍이 불게 되면서 강남은 일종의 사회 현상이 됩니다.

혜은이라는 가수가 부른 「제3한강교」(1979년) 노래 가사가 이렇습니다. "어제 처음 만나서 사랑을 하고 우리들은 하나가 되었습니다. 이 밤이 새면은 첫차를 타고 이름 모를 거리로 떠나갈 거예요." 원 나잇 스탠드, 당시로써는 파격인 거죠. 그전만 해도 "갑돌이 갑순이는 한마을에 살았더래요. (…) 겉으로는 모르는 척했더래요."이랬잖아요. (웃음) 당시 남녀관계의 변화를 상징적으로 보여 주는 장소가 바로 강남이었습니다. 주현미라는 가수도 강남 노래를 많이 불렀죠. 여러분 부모님 세대들은 잘 아실 거예요. 「영동 블루스」(1985년)나 「신사동 그 사람」(1988년)이라는 노래가 히트했습니다. 당시 강남 쪽에 유흥가가 많이 형성되었어요. 그래서 이런 세태를 반영한 노래들이 당시 유행한 것입니다.

말씀드렸듯이, 그전까지 강남은 허허벌판이었어요. 정부에서 대책을 세웁니다. 땅값을 올려 개발비를 회수해야 했으니까요. 고민 끝에 학교와 대형 유흥업소를 강남으로 보내기로 합니다. 강남에 제대로 된 학교가 있었을 리 없습니다. 정부에서 강남 개발을 위해 당시 명문으로 꼽히던 학교들을 강남으로 이전합니다. 전통적인 명문인 경기고등학교가 강남의 동쪽인 삼성동으로 이전합니다. 이어서 두 번째로 좋은 서울고등학교가 강남의 서쪽인 방배동으로 가요. 경기고등학교는 지금 정독도서관 자리였고 서울고등학교는 지금 서울역사박물관 있는 경희궁 쪽에 있었습니다. '8학군'이 그렇게 생긴 거예요. 그렇게 되니까 당연히 사람이 몰리죠. 1980년대 중반에 통계를 보면, 서울의 고교생 평균 증가율이 1.2퍼센트였을 때 강남은 57.5퍼센트였습니다.

그리고 당시 서울 시내에 대형 카바레가 있었습니다. 요즘은 잘 안 쓰는 말인데 '카바레'라는 게 지금의 클럽 같은 거였어요. 사람들이 거기 모여서 춤추고 놉니다. 도심에 규모가 수백, 수천 평에 이르는 대형 업소들이 있었는데 이들의 강남 이전을 유도합니다. 어떤 식이었냐면, 행정기관에서 이전을 안 하면 협조를 안 해 줘요. 업소들이 건물을 수리하고 보수하려면 허가를 받아야 하는데 이걸 안 해줍니다. 그러면 시설이 낡고 사람들이 꺼리게 되잖아요. 또 이것저것 트집 잡아 영업 정지 때렸다가 문 열게 되면 며칠 후 다시 다른 것으로 영업 정지를 때리고…. 이러면 업주가 견딜 수가 없잖아요. 앞으로 잘 봐줄 테니 강남으로 가라고 합니다. 그 결과 한국 유흥 문화의 중심지가 강남으로 옮겨갑니다. 사람들이 강남에 놀러 가기 쉽도록 터널도 뚫습니다. 바로 남산 1호 터널이에요. 서울 도심인 종로, 을지로, 명동에서 강남까지 차로 10~15분이면 갑니다. 당시는 자동차가 많지 않았으니까요. 소위 물 좋기로 소문난 업소들이 강남에 들어서게 되고, 1980년 무렵이 되면 강남은 유흥과 소비문화의 중심지가 됩니다.

그렇다면 박정희는 왜 하필 강남을 택했을까요? 여러분 혹시 〈실미도〉(2003년) 보신 분 있나요? 개봉 당시 최초로 관객 수 1000만 명을 넘겼다고 해서 화제가 되었죠. 북파 공작원을 소재로 한 영화인데 무장공비의 청와대 습격으로 이야기가 시작합니다. 실제로 1968년 1월 21일에 일어났던 사건입니다. 국내에 잠입한 북한 특수부대원 31명이 북악산을 넘어옵니다. 그러다 청운동 창의문에서 불심검문에 걸려요. 종로경찰서 무장경찰하고 접전이 붙습니다. 거기가 청와대 코앞이거든요. 김신조를 제외한 이북 특수부대원 대부분이 사살당합니다. 그 과정에서 종로경찰서장 최규식 총경이 전사하지요. 지금도 그분 동상이 거기에 서 있어요.

제가 초등학교 3학년때였는데 기억이 아주 생생합니다. 텔레비전에서 생포된 김신조의 인터뷰가 방송으로 중계됐는데, 분위기가 아주 살벌했어요. "박정희 모가지 따러 왔다"는 말이 여과 없이 안방에 전달되었어요. 그만큼 안보 상황이 불안했던 겁니다. 그런 일이 있고 난 다음에 박정희가 강남 개발을 추진합니다.

6·25 전쟁 때 서울이 사흘 만에 북한군에 함락되잖아요. 서울은 38
선에서 워낙에 가깝습니다. 북에서 밀고 내려오니까 순식간인 거예요.
얼마나 급했으면 이승만 대통령이 한강 다리를 끊고 도망쳤겠어요. 그
래서 수많은 서울 시민이 죽고 다치고 했죠. 지금도 그렇지만 서울에
모든 게 집중되어 있잖아요. 공비의 습격을 받자 박정희로서는 서울이
가진 자원을 분산시켜야 한다는 절박한 생각을 하게 된 겁니다. 지금
같으면 동서남북 할 것 없이 입지만 좋으면 어디든 개발했겠지만, 그
때는 무조건 강남으로 가야 했던 것입니다.

그래서 정부가 적극적으로 강남을 개발하고, 지역 육성책을 씁니다.
사람들이 몰려들고 땅값이 오르기 시작하죠. 대표적인 곳이 말죽거리
입니다. 〈말죽거리 잔혹사〉(2004년)라는 영화의 배경이 된 곳으로 지금
의 양재역 주변을 말합니다. 이름이 독특한 게, 왜 말죽거리냐 하면 예
로부터 그곳이 역(驛)이었어요. 공문을 전달하러 다니는 사람들에게
말을 제공하거나 쉬게 하는 장소였지요. 거기서 말죽을 끓여 먹었다고
해서 이름이 그렇게 붙었습니다. 그랬던 말죽거리에 이제 부동산 투기
열풍이 불어옵니다.

여러분, 보통 초등학교 입학식 때 식구들끼리 뭘 하죠? 엄마 손 잡고
가족끼리 식사하러 가잖아요. 요즘은 피자도 먹고 스파게티도 먹고 하
지만 예전엔 늘 짜장면이었습니다. 중국집에 가는 게 거의 유일한 외
식이었죠. 지금처럼 외식 문화가 발달하지 않았을 때였으니까요. 우리
어렸을 때는 짜장면이 고급 음식이었어요. 가격도 설렁탕이나 냉면과

비슷했습니다. 제 기억에 당시 짜장면 값이 30원이었어요. 놀라운 건 당시 말죽거리 땅 한 평이 그 정도였다는 거예요. 그래서 요즘도 '그때 짜장면 먹지 말고 그 돈으로 말죽거리 땅을 샀어야 하는데…' 하는 생각이 종종 들어요. (웃음)

말죽거리 자체가 서울 변두리였지만 그중에서도 땅값 차이가 있었습니다. 외지거나 경사가 있는 지역은 평당 10원에 불과했습니다. 그랬는데 지금은 평당 3000만 원이 넘어요. 짜장면 값이 지금 얼마죠? 5000원 정도 하겠지만 저렴하게 3000원이라고 잡으면 1970년대 이후에 지금까지 100배 정도 오른 셈입니다. 그런데 말죽거리 땅값은 어때요, 100만 배가 뛰었어요. 엄청난 차이죠.

그때 돈으로 환산하면 지금 30만 원이면 말죽거리 땅 100평을 살 수 있었습니다. 물론 적은 돈은 아닙니다만, 서민들도 그 정도는 마련할 수 있는 금액이었죠. 그랬으면 지금 30억이 생기는 거예요. 강남에 웬만한 아파트 세 채쯤 살 수 있는 돈이 되었을 겁니다. 그래서 지금도 땅을 치며 후회하는 사람들이 많은 거죠. 한국에서 재산을 늘릴 수 있는 확실하고도 유일한 방법이 바로 부동산이었기 때문입니다. 사람들이 두 눈으로 직접 확인했잖아요. 지금 강남에 땅 가진 사람과 그렇지 않은 사람은 빈부 격차가 엄청나죠. 30~40년 사이에 땅값이 100만 배가 올랐는데 그걸 미리 알았다면 다들 땅을 샀겠죠. 하루아침에 부자가 된 사람들이 부지기수입니다. 이런 사람들은 땅이 축복인 거죠. 대한민국에 사는 게 너무너무 행복할 거고요. '말죽거리 신화'는 그렇게 해서 탄생합니다. 반면에 헐값에 팔고 나온 사람, 그때 땅 한 평 마련 못한 사람들에겐 악몽입니다. '말죽거리 잔혹사'가 따로 없는 거예요.

한국 사회에서 1960~70년대까지만 해도 빈부격차가 크지 않았어요. 물론 그 시절에도 잘사는 사람이 있고 못사는 사람이 있었지만 지금처럼 큰 차이는 없었다는 거예요. 그러다가 '말죽거리 신화'가 생기면서 한국 사회가 급변합니다. 땅을 가진 사람과 그렇지 못한 사람들에게 전혀 다른 모양으로 전개되지요.

1970년대 중반에 '오일 쇼크'*가 발생합니다. 지금도 그렇지만 당시 대표적인 산유국들이 죄다 중동에 몰려 있었잖아요. 파이프만 꽂으면 기름이 펑펑 나니까, 수많은 업체가 들어가서 엄청난 돈을 법니다. 그러다가 중동의 아랍 국가들이 이스라엘과 전쟁을 벌이게 되죠. 미국을 위시한 서방 국가들이 이스라엘을 직간접적으로 지원합니다. 이에 중동 국가들이 석유를 무기로 활용하게 돼요. 석윳값을 확 올려 버립니다. 이로 인해 세계 경제가 심각한 타격을 입습니다. 특히 우리나라처럼 기름 한 방울 나지 않는 나라는 큰 충격을 받았죠. 그런데 새옹지마라고 했던가요, 그 덕에 우리나라에 기회가 찾아옵니다. 베트남 전쟁 특수에 이어 중동 진출 붐이 일어납니다.

석유로 벌어들인 엄청난 달러를 중동 국가들이 집 짓고 길 닦는 데

----

* 1973년 10월 제4차 중동 전쟁을 계기로 OAPEC(아랍 석유 수출국 기구) 산유국들은 미국 수출 금지를 선언하는 한편 기존 석윳값을 4배 가까이 올린다. 이로 인해 세계 경제는 심각한 불황과 인플레를 겪는다(1차 오일 쇼크). 뒤이어 1979년에는 이란 혁명의 결과로 제2차 오일 쇼크가 발생한다. 석유 쇼크, 석유 위기라고 하기도 한다.

쓴 거예요. 그건 또 우리 전문이잖아요. 우리 업체들이 중동 개발 공사를 많이 따냅니다. 중동이 사막 지대잖아요. 날씨도 덥고 환경적으로 아주 열악합니다. 웬만한 나라 사람들은 고개를 젓겠죠. 그런데 한국의 노동자들은 과거 베트남 전쟁 때 일한 전력이 있어요. 월남도 중동만큼 덥죠. 게다가 전쟁터 아닙니까. 그런 데서 일하던 노동자들이니 중동은 식은 죽 먹기였어요. 수많은 노동자가 중동으로 몰려갑니다. 엄청난 달러를 벌어 국내로 보냈죠. '중동 특수'라고 해서 오죽하면 "단군 이래 최대의 호황"이라고 표현할 정도였습니다.

강남에 가면 '테헤란로'라고 있습니다. 지금은 한국이 이란하고 교역이 별로 없습니다만, 그때만 해도 관계가 매우 좋았습니다. 그러다가 이란에서 혁명이 일어나고 미국하고 친했던 팔레비 왕이 쫓겨나요. 그전만 해도 대표적인 친미 국가인 한국과 이란은 아주 가까웠어요. 서로 친선 관계를 과시하면서 이란의 수도 테헤란에는 '서울로'를 만들고 서울에는 '테헤란로'를 만들었습니다.

중동 특수로 전에 없던 사회 현상이 생기기도 했습니다. 당시 언론에 심심찮게 등장했던 사건들이 있는데요, 남편이 몇 년씩 돈 벌러 외국에 나가 있는 동안 부인들이 춤바람이 나는 거예요. 제비족들이 판을 칩니다. 돌아와 보니 꼬박꼬박 집으로 부친 돈을 다 떼이고, 부인은 집 나가고, 그래서 자살하는 노동자들이 있었습니다. 물론 그 돈으로 중산층이 된 사람들이 많았죠.

강남 아파트, 신분 상승의 종착역

당시는 모든 사회적 가치가 경제 발전에 초점을 두고 있을 때였습니다. 정권이 그걸 의도했고요. 그 배경에는 정통성 없는 정권이라는 콤플렉스가 자리하고 있었습니다. 박정희가 선거로 집권한 게 아니잖아요. 군사 반란을 일으켰습니다. 나라 지키라고 국민이 세금으로 먹여 주고 입혀 주는 군인들이 탱크 몰고 내려와서 중앙청을 점령해 버린 것이죠. 그때는 내각 책임제라서 총리가 실권을 가지고 있었는데, 군인들이 정부를 붕괴시킵니다. 장면 총리가 쫓겨났지요.

박정희는 민주주의와는 상관이 없는 사람이죠. 정통성이 없는 사람이란 말이에요. 그래도 집권을 하려면 어떻게 해야 해요? 국민들의 지지는 받아야 할 것 아니에요. 그래서 경제 발전을 제1의 가치로 내세운 겁니다. 경제 발전과 민주화를 같이 추진했어야 하는데 오로지 한쪽에만 매달린 거예요. 박정희가 집권한 동안 보릿고개를 넘기고 경제 성장도 이루어졌지만 부작용도 만만치 않았습니다. 그 과정에서 민주주의가 희생당했고 사회 양극화라는 심각한 문제가 제기되었지요. 경제 발전의 성과가 소수에게 집중됩니다. 특히 강남에 땅을 가진 사람들이 가장 많은 혜택을 입게 되지요. 개발 후에 이들은 엄청난 부자가 되었습니다. 그래서 우리나라 땅 부자들이 가장 굳건하게 박정희를 지지하고 있지요.

그때부터 한국은 정말 다른 사회가 되었어요. 우리가 원래 동방예의

지국이라고 했잖아요. 예의, 염치 같은 상식들이 사라지고 그 자리를 돈과 효율성이 대신하게 됩니다. 그전에는 '은근과 끈기의 민족'이라고 불렸습니다만, 이때부터는 군대식으로 '빨리빨리'가 성행하기 시작해요.

경제가 발전하면서 생활 방식이 달라집니다. 아파트 중심의 주택 문화가 등장하기 시작한 것도 이때입니다. 앞에서 1960년대 말 주거 개선 사업의 일환으로 아파트가 등장했다고 말씀드렸지요. 1970년대부터 아파트가 많이 생기기 시작하는데 70년대 초반에 지은 아파트는 지금과 형태가 많이 달라요. 부엌 옆에 조그만 방이 있는데 여긴 '식모' 방입니다. 시골에서 올라온 처녀나 아줌마가 집안에서 먹고 자고 하면서 집안일을 해 주었어요. 그러다가 '파출부'라고 해서 출퇴근을 했고, 요즘은 '가사 도우미'라고 해서 시간당 얼마를 받고 일하죠. 1980년대가 되면 아파트에서 식모 방이 없어집니다. 그때가 되면 서울로 올라올 만한 사람들은 다 올라오고, 시골에는 이제 나이 든 분들만 남습니다. 방을 쓸 식모가 아예 없어진 거예요.

가사 문화도 바뀌지요. 여성들의 사회 진출이 활발해집니다. 그전에는 주부들은 정말 바빴습니다. 밥하고 빨래하는 일도 벅찼어요. 당시는 학교 급식이라는 것이 없었습니다. 형제들도 많았고요. 그래서 하루에 도시락만 네다섯 개씩 싸야 했습니다. 도시가스나 전기밥솥이 없으니 연탄불이나 석유풍로 같은 것으로 일일이 불로 밥을 지어야 했습니다. 반찬도 그때그때 만들어야 했고요. 냉장고는 70년대 중반이 되

▲ 1980년대에 제작된 '대한전선 전 제품 안내' 팸플릿. 전자렌지, 냉장고, 스토브, 세탁기들이 소개되어 있다.

어서야 보급이 됩니다. 저 어렸을 때만 해도 냉장고 없는 집이 더 많았어요. 빨래도 마찬가지입니다. 세탁기가 보급된 것이 1980년대 말쯤이에요. 일일이 손빨래를 해야 하니까 어머니들이 할 일이 많았죠. 상황이 이러니 취업은 언감생심입니다.

그러다가 경제적으로 여유가 생기고, 가전제품이 보급되다 보니까 여성들이 가사 노동으로부터 해방됩니다. 결혼 후에도 직장 생활을 하는 여성들이 늘어나죠. 중상류층을 중심으로 주부들의 여가 활동도 다양해집니다. 아파트에서 살면 시간적인 여유가 많아요. 단독주택에 살면 손볼 일이 많잖아요. 가령 화장실이 고장 났다, 수도 파이프가 터졌다, 하수구가 터졌다 하면 어떻게 해요? 사람 불러서 고쳐야 하지만 아파트에선 관리사무소에다 전화하면 됩니다. 알아서 다 해줘요. 신경쓸 일이 줄어드니까 주부들이 여가 생활을 시작해요. 주부 교실, 사회 교실, 꽃꽂이 학원, 문화센터 이런 것들이 생기고 주부들이 운전을 배우기 시작합니다. 잘사는 집에서는 자식이 결혼하면 강남에 아파트 하나 장만해 주는 것이 관행처럼 여겨집니다. 서울에 인구가 몰리고 주택난이 심해지면서 기존의 대가족 문화가 해체됩니다. 대신 핵가족과 이를 상징하는 아파트가 자리 잡게 되지요.

당시 사회상은 '현대아파트 특혜 분양 사건'에서 잘 드러납니다. 1977년 압구정동에 현대아파트가 들어섭니다. 애초에 허가를 받은 조건은 1500가구를 짓되, 그중 950여 가구는 현대의 무주택 사원에게 분양하고, 나머지 550여 가구를 일반에게 분양한다는 것이었습니다. 그런데 이때가 강남에 투기 광풍이 불 때거든요. 권력층에서 눈독을 들입니다. 그러자 현대건설 측에서 무주택 사원들에게 줘야 할 몫을 빼서 청와대나 서울시 고위 공직자, 국회의원, 기업인, 언론인, 현대그룹 임원들의 친척, 동창들에게 분양합니다. 이게 왜 특혜냐면, 당장 분양권만 받아도 엄청난 프리미엄이 붙었단 말이죠. 서울 변두리 집 한 채 값을 벌 수 있었어요. 사실상 엄청난 뇌물인 거예요. 특혜를 받은 사람들의 면면을 보면 그 무렵 한국의 권력 지도가 한눈에 들어옵니다.

압구정동 현대아파트는 당시 선망의 대상이었습니다. 그때는 재산을 늘리는 방법이라는 게 20평대 아파트에서 시작해서 돈 모으고 대출받아서 30평짜리 아파트를 샀다가, 이걸 40평, 50평으로 넓혀 가는 식이었습니다. 현대아파트는 부동산 투기를 통한 신분 상승의 종착역이었다고 할까요, 그 정점에 있었던 거예요.

1970년대에 이은 80년대는 공포 정치의 시대였습니다. 수많은 사람이 말할 자유도 없이 숨죽여 지냈죠. 그러나 한편으로는 한국 경제가 급속도로 팽창하는 시기이기도 했습니다. 그러면서 경제적 불균등이 심화되지요. 그 주요 원인은 다름 아닌 부동산이었습니다.

소수의 부동산 독점은 심각한 사회 갈등을 불러옵니다. 학자들은 프랑스 혁명 당시 인구의 5퍼센트가 국토의 25~30퍼센트를 소유하던 당시 경제 상황이 혁명의 원인이 되었다고 말합니다. 농사지을 땅이 없으니 국민들이 가난할 수밖에 없었다는 얘기예요. 지금 한국은 그보다 상황이 더 심각합니다. 개인 소유지를 기준으로 국토의 3분의 2를 6

퍼센트의 땅 부자가 소유하고 있어요. 혁명 당시 프랑스의 두 배에 가까운 집중도입니다. 물론 지금 우리나라는 공업 국가입니다. 땅 없다고 굶어 죽지는 않아요. 하지만 우리나라에서 땅이 재산 증식의 수단이 되면서 그 가격이 어마어마하게 치솟았다는 점에 문제의 심각성이 있습니다. 땅값 총액으로 봤을 때 한국 땅을 팔면 캐나다를 두 번 사고도 남고 크기가 77배나 큰 호주를 사고도 남습니다.* 사정이 이렇게 되자 경제학자들도 높은 땅값이 경제 발전에 걸림돌이 될 거로 우려하고 있습니다. 부동산 폭락으로 인한 경제 위기 얘기가 괜히 나오는 게 아닙니다.

그럼에도 1970년대부터 시작한 한국의 부동산 열풍은 이후로도 식을 줄을 모릅니다. 왜 그럴까요? 여러분 혹시 '토건 국가'라는 말 들어보셨나요? 토건업에 집중된 경제 구조를 지닌 나라를 뜻해요. 우리나라가 바로 그렇습니다. 그동안 정부가 나서서 대규모 개발 사업을 진행해 왔으니까요.

한국의 새로운 신분제, 부동산

지금도 도시 곳곳은 여전히 '건설 중'입니다. 자고 나면 새로운 건

----

* 통계청, 2007년 기준.

물이 생기죠. 그러면서 전통적인 가옥들이 하나 둘 사라집니다. 서울은 600년 된 도시예요. 그런데도 한 도시의 역사랄까 문화를 보여 주는 건물이 많지 않습니다. 제가 보스턴에 머문 적이 있었는데, 그곳은 겨우 200년 된 도시예요. 그런데도 고풍스러운 건물들이 곳곳에 남아 있는 걸 보고 놀란 적이 있어요. 우리는 그보다 세 배나 오래된 역사를 가지고 있으면서도 옛것들이 남아 있지 않습니다.

북촌에 서울의 옛 풍경이 많이 남아 있다고들 하는데요, 지금 있는 집들은 전통적인 한옥이라기보다는 1930년대에 지어진 것들이 대부분입니다. 서울에 진짜 옛집이라고 할 만한 것은 고궁이 유일합니다. 여러 가지 이유가 있겠지만, 우선 전쟁통에 웬만한 건물들은 죄다 폭격을 맞았죠. 그다음으로 박정희·전두환의 개발 독재를 거치면서 오래된 집들이 전부 허물어졌습니다. 그 자리에 아파트가 들어선 거예요. 그런데 이것도 오래 못 가죠. 20~30년 지나면 재건축을 합니다.

여러분, 길 가다 보면 '경축, 안전 진단 검사 통과' 이렇게 적힌 플래카드 본 적 있을 거예요. 이게 얼핏 보면 안전하다고 해서 좋다는 뜻 같지만 사실은 그 반대입니다. 아파트를 재건축하려면 건물 등급이 얼마 이하여야 해요. 멀쩡한 집을 새로 지을 수는 없으니까요. 그러니까 그 플래카드의 뜻은, '우리 아파트가 안전하지 않다는 판정을 받아서 이제 새로 지을 수 있게 되었다'는 것입니다. 재개발하면 아파트값이 올라가니 환영한다는 거예요. 외국인들이 보면 고개를 갸우뚱할 만한 일입니다. '자기들 사는 곳이 위험하다는데 이걸 환영하다니….' 하고

▲ 1985년 목동 재개발로 인하여 신시가지를 철거하고 공사를 진행하고 있는 현장 모습.

말입니다.

　보통은 100년을 내다보고 집을 짓는 게 정상인데 지은 지 몇십 년밖에 안 된 집들을 때려 부수는 이상한 사회가 된 겁니다. 이 모든 게 돈 때문이에요. 부동산으로 돈을 벌겠다는 사람들이 만들어 낸 합작품인 거예요. 실제로 우리나라 토건 산업이 그렇게 성장했고요. 지금 지방 선거 하면 토건업으로 돈 번 사람들이 많이 나옵니다. 당장 본인은 아니더라도 친인척 중에 그런 사람이 있는 후보가 꼭 있어요. 그걸로 재산을 모은 사람들이 지역 유지 행세를 하고 다니는 겁니다.

　부동산 경기를 활성화한다는 명분으로 이루어지는 국가 차원의 개발 사업은 더 큰 문제를 불러일으킵니다. 예컨대 엄청난 예산을 쏟아서 새만금 방조제를 만들었어요. 수십만 평의 농지를 만들었는데 정작 농사지을 사람이 없어요. 땅 살 사람이 없으니 국가가 이걸 다시 사들여야 합니다. 국가가 엄청난 세금을 뿌려 멀쩡한 갯벌을 막고는 노는 땅을 만든 거예요. 경제적 가치로 보면 갯벌이 훨씬 더 큽니다. 그럼에도 개발 논리로 무분별하게 국토가 파헤쳐지는 게 지금의 현실입니다.

건설업에 사람들이 몰려 있다 보니까 생기는 현상이에요. 경기가 조금만 나빠지면 건설업자들이 죽는다고 아우성이죠. 그러면 국가에서 예산을 몰아 줍니다. 그럼 그 돈으로 열심히 국토를 파헤쳐요. 교육이나 복지에 들어갈 돈이 토건업자들의 주머니로 흘러들어 갑니다.

이런 과정에서 정권도 이익을 보죠. 대규모 부동산 개발로 번 돈으로 정치 자금을 만들어 정권을 유지하는 데 씁니다. 부동산 투기를 막아야 할 주체가 스스로 투기를 한 거예요. 그런 불행한 과거가 있었어요.

1970~80년대 박정희, 전두환 같은 독재 정권이 저지른 죄 중에는 민주주의를 압살했다는 것도 있지만 더 나쁜 것이, 열심히 성실하게 일한 사람들을 한국 사회에서 바보로 만들었다는 것입니다.

한국 사회에서 제아무리 열심히 일해도 땅 투기로 번 돈 못 쫓아간다는 사실은 이제 상식이 되었습니다. 가령 연봉 4000만 원인 직장인이 1년 내내 한 푼도 안 쓰고 10년을 모으면 4억쯤 됩니다. 하지만 지금 추세대로 집값이 계속 오른다면 그 사람이 10년 후 아파트를 한 채 살 수 있을까요? 아마 어려울 겁니다. 반대로 강남에 땅이 있는 사람은 아무 일도 하지 않고 10년을 보내도 그보다 많은 돈을 벌 확률이 높아요. 지금까지 한국 경제가 그래 왔습니다.

　부모로부터 부동산을 물려받은 사람들과 그렇지 못한 사람들의 차이가 심했죠. 그나마 교육이 그 간극을 메우는 역할을 해왔습니다. 가난한 집 자식들이 열심히 공부해서 좋은 대학을 가고 좋은 직업을 가질 수 있었습니다. 하지만 이제 그것도 어려워졌죠. 강남에서 태어나서 대치동 학원가에서 족집게 과외를 받고 그렇게 해서 서울대학교에 가는 아이들이 점점 많아지고 있으니까요. 나의 의지와 상관없이, 어디에서 태어나느냐에 따라 미래가 결정되는 그런 시대가 온 것입니다. 혹자들은 이걸 두고 또 다른 신분제라고 말하기도 합니다. 최근 '헬조선'이니 '흙수저'니 하는 말이 나온 근본적인 이유가 바로 부동산 문제입니다.

　1997년 IMF를 계기로 빈부 차이가 고착화되었습니다. 방송에서는 "부자 되세요"라는 광고가 유행합니다. 우리 아이들은 '강북 아이'와 '강남 아이'로 나뉘어서 열등감부터 배우기 시작합니다. 출신에 따라 출발점 자체가 달라지는 거예요. '의무 교육'이라는 게 뭡니까? 돈이 있건 없건 국민이라면 누구나 교육을 받을 권리가 있다는, 기회의 균등을 의미하잖아요. 표면적으로는 그럴 수 있을지 몰라도 사실상 부모의 재력에 의해 아이들 교육의 내용이 달라집니다. 대학 등록금, 생활비는 물론이고 로스쿨에 가려면 그만한 비용을 지불해야 합니다. 이걸 감당할 수 있는 사람이 유리할 수밖에 없는 거예요. 그만큼 계층 상승의 문이 좁아졌다는 걸 의미합니다.

강남과 강북의 차이가 너무 벌어진 거죠. 한강이라는 지리적 거리가 사회적으로는 태평양만큼 멀어진 거예요. 강남 사람들은 자기들끼리 모여서 즐기고 소비하고 싶어해요. 그래서 강북 사람들이 들어오는 걸 막습니다. 자꾸 벽을 쌓아요.

이것이 오늘날 한국의 슬픈 현실입니다. 부동산, 강남이라는 욕망이 근 50년 넘게 한국 사회를 사로잡고 있습니다. 돈과 학벌이 맞물려 돌아가는 부동산 공화국, 토건 국가를 벗어나야 합니다. 그렇지 않으면 우리는 다시 중세 같은 신분제 사회로 돌아갈 수밖에 없습니다. '헬조선'이 바로 그 뜻 아닙니까? 지옥 같은 세상, 우리 아버지, 할아버지 세대가 애써 만든 대한민국은 이제 사라지고 신분제가 살아 있는 갑오경장 이전 조선 시대로 뒷걸음쳤다는 거지요. 경각심을 가지고 풀어 나가야 할 숙제입니다.

여덟 번째 강의

노동의 역사

인류 역사는 노동 시간 단축의 역사

이번에 말씀드릴 주제는 여러분이 흔히 '알바'라고 말하는 '노동'입니다.

사람은 누구나 일을 합니다. 안 그러면 살 수가 없죠. 그런데 현실에서 보면 일을 열심히 하는 사람이 있는가 하면 안 하는 사람도 있어요. 그래도 먹고 삽니다. 왜 그럴까요? 누군가 대신해 주기 때문이에요. 인류 역사를 봐도 그렇습니다. 다 함께 똑같이 일한 적은 별로 없어요. 대개 힘을 가진 소수가 다수를 부려 왔죠.

고대 노예제 사회를 볼까요? 한 사회의 생산을 노예들이 주로 담당했습니다. 그 시대에 노예는 사람 취급을 못 받았습니다. 그냥 동물처럼 살았다고 보시면 됩니다. 근대에도 노예가 있었습니다. 아프리카에서 팔려 온 흑인들이 그랬죠. 이들이 유럽으로 팔려 나가면서 엄청나게 노동력을 착취당했지만 정작 당사자들은 인간 이하의 취급을 받았습니다. 제대로 먹지도 못하고 여기저기 팔려 다니다가 병들면 버려졌습니다.

그런 식으로 한 사회가 유지되고 있었는데 문제가 생깁니다. 강제로 일을 시키니까 생산성이 떨어져요. 어차피 못 먹고 못 입을 텐데 뭐 하러 열심히 하겠어요. 때려서 일 시키는 것도 한계가 있습니다. 결정적으로 노예들의 저항이 끊이지 않습니다. 대표적인 게 로마 공화정 말기에 일어난 스파르타쿠스의 난이죠. 결국 노예제는 붕괴합니다. 그리고 봉건제가 들어서죠.

봉건 제도에서는 노예가 아닌 농노가 일합니다. '농사를 짓는 노예'이긴 한데 앞선 노예들과는 조금 달라요. 이들은 땅에 묶여 있는 신분입니다. 노예는 주인에게 존재 자체를 소유당했지만 농노는 사정이 훨씬 좋았습니다. 수확물 일부를 소유할 수도 있었고요. 열심히 일하면 조금 더 얻을 수가 있었다는 얘기입니다. 그럼에도 신분이 땅에 묶여 있었기 때문에 거주 이전의 자유가 없었습니다.

이어서 자본주의가 들어서지요. 농노는 더 이상 존재하지 않습니다. 농사가 아니라 공장에서 물건을 만들어 파는 사회가 되었으니까요. 대부분이 노동자로 살게 됩니다. 자본주의는 분명히 봉건주의에 비해서 진보적인 성격을 가지고 있었어요. 노동자들의 처지가 열악했다지만 중세의 농노들보다는 나았죠. 마치 농노들이 고대 노예보다 나았듯이 말이에요. 생산성도 훨씬 높아졌습니다. 사람들이 쓸 수 있는 자원이 풍성해졌으니까요. 기술도 엄청나게 발전했습니다. 인류는 이전에 맛보지 못한 풍족한 삶을 누리게 됩니다.

하지만 생산의 주역들은 이번에도 소외됩니다. 자본주의 사회에서 노동자가 되려면 학습이 필요합니다. 농사와는 달라서 기계를 다룰 줄 알아야 했으니까요. 지금이야 우리가 가정에서 쓰는 기계가 조작도 간편하고 힘도 안 들지만 초기 자본주의 시절 공장 기계를 돌리려면 최소한의 지식이 필요했습니다. 그래서 노동자에 대한 교육도 이루어집니다. 문제는 사람이 기계에 얽매여 그 자신이 기계처럼 되어 되어버렸다는 것입니다.

찰리 채플린의 〈모던 타임스〉(1936년)라는 영화에 보면 이런 당시 시대상이 잘 드러나 있죠. 거기에 보면 노동자들이 컨베이어 벨트 앞에서 마치 기계처럼 일하잖아요. 주인공인 찰리 채플린이 볼트를 조이는 작업을 하는데 하도 같은 일을 반복하다 보니까 동그란 것만 보면 조이려고 합니다. 그러다 지나가는 부인의 가슴에 달린 단추를 조이는 장면까지 연출하지요. 이처럼 당시의 노동자들은 공정에 따라서 정해진 단순하고 반복적인 일을 해야 했습니다. 농민들에게는 자율성이 있습니다. 그리고 전체 공정을 책임져요. 아침이면 일어나서 풀을 베거나 가축을 돌보지요. 무엇을 할지 스스로 결정합니다. 일 자체가 소규모로, 개별적으로 이루어집니다. 가령 올해 나는 고추를 심었고 저 사람은 배추를 심었다면, 그 결과 역시 다를 수밖에 없잖아요.

▲ 영화 〈모던 타임스〉의 한 장면.

반면에 자본주의 노동은 대규모, 집단적으로 이루어집니다. 거대한 공장에서 수많은 노동자가 정해진 시간에 정해진 일, 아주 세분화된 공정의 한 가지만을 했지요. 그 대가로 '임금'을 받습니다. 이러한 노동 조건은 새로운 집단의 탄생을 예고합니다. 자신의 노동으로부터도 소외된 임금 노동자가 그것이지요. 오늘날의 자본주의는 초기의 자본주의와는 많이 다르지만, 임금을 받고 노동력을 제공한다는 점에서는 변함이 없습니다.

인류의 역사를 보면 이처럼 시간이 흐르면서 노동의 성격이 달라집니다. 또한 노동 시간도 짧아지지요. 노예보다는 농노가 일을 좀 덜 하고 그보다는 노동자가 일하는 시간이 조금 더 짧아집니다. 자본주의 초기의 노동자와 지금 노동자의 노동 시간을 비교해 봐도 그래요. 휴일도 없이 중노동에 시달리던 200년 전과 지금은 큰 차이가 있지요. 그래서 길게 보면 인류의 역사는 '노동 시간 단축의 역사'라고 볼 수도 있습니다.

예컨대 이런 것입니다. 사람이 한 끼 밥을 먹기 위해서 얼마나 뛰어다녀야 했는가. 아주 먼 옛날에는 어땠습니까? 채집 경제, 수렵 경제라고 해서 하루 종일 돌아다녀도 사냥에 실패하면 꼼짝없이 굶어야 했죠. 지금은 어때요? 하루 일당으로 자신의 세 끼 식사쯤은 해결할 수 있잖아요. 사회적으로 최저 임금이 보장됩니다. 물론 이렇게 되기까지 수많은 사람의 싸움이 있었습니다. 노동 운동이 있었고 민주화 과정이 있었습니다.

그럼에도 한국 사회에서 아직 노동은 부정적인 이미지를 가지고 있어요. 여러분은 좀 덜할지 모릅니다만, 저희 때만 해도 '노동'은 피해야 할 일이었어요. 부모님들 소망이 뭐였냐면 자식들이 '펜대 굴리는 일'을 하는 것이었어요. 달리 말해서 공장에서 힘쓰는 일 하지 말라는 거였습니다. 그러니까 '펜대 굴리는 일'은 '노동'이 아니었던 겁니다. 원래 '노동자'라는 건 임금을 받고 자기 노동력을 파는 사람을 말하잖아요. '펜대'를 굴리건 '기름밥'을 먹건 월급 받으면 다 노동자입니다. 하지만 예로부터 '공순이' '공돌이'라고 하면서 공장에서 일하는 걸 부끄럽게 여겼죠. 반면에 '화이트칼라'는 노동자 개념에서 제외됩니다. 우리의 왜곡된 근대화 과정 때문입니다. 그런 경험 때문에 옛날 분들은 지금도 노동자 하면 하위 계층 사람들로 생각해요. 실제로 열심히 일하는 공장 노동자들이 천대받았거든요. 노동자 본인들도 그걸 당연하다 여겼습니다. 이런 인식이 달라지기 시작한 건 1980년대 후반 노동 운동이 활성화되면서부터예요. 그전에는 노동자들에 대한 차별도 컸고 탄압도 심했습니다.

　노동 운동에 몇 가지 방법이 있겠지만, 대표적인 것이 파업입니다. 노동자들이 노동 조건을 개선시키는 주요한 전략이지요. 우리 헌법에서 단결권, 단체 행동권, 단체 교섭권을 보장하는 이유입니다. 그럼에도 한국 사회에서 파업이 제대로 된 권리로 인정받지 못해요. 지하철이 파업한다고 하면 당장 언론에서 뭐라고 해요. "시민을 볼모로 한 이기주의"라는 식으로 매도하잖아요. 물론 시민들이 불편할 수 있죠. 출근길 밀리고 배차 간격 늦어지는 데 좋아할 사람이 어디 있겠어요. 하지만 노동자 의식이 있다면 다릅니다. 같은 노동자로서 그들의 파업을 지지할 수 있는 거예요.

제가 자주 드는 예로 〈빌리 엘리어트〉(2000년)라는 영화의 한 장면이 있습니다. 광산촌에 사는 가난한 집 아이가 발레리노가 되는 과정을 감동적으로 보여 주는 영화인데요. 이 아이가 런던에 있는 왕립발레학교로 아버지와 함께 오디션을 보러 갑니다. 당시 파업 중이던 아버지 친구들이 돈을 모아 주죠. 오디션 장소에 도착하니 교장을 비롯한 교직원들이 쫙 앉아 있습니다. 아이가 오디션을 마치고 가는데 교장 선생님이, 아버지를 부르더니 "파업에서 꼭 승리하세요"라고 말합니다. 영국 왕립발레학교 교장이면 아주 상류층이에요. 한국으로 치면 대기업 임원쯤 되는 사람이 파업을 지지하는 거라고나 할까요. 보수적인 영국 사회에서도 그런 일면이 있는 겁니다.

거기에 비하면 '귀족 노조'니 '이기주의'니 하면서 대부분이 파업 노동자를 비난하는 내용으로 도배되는 한국의 현실은 가혹하기 이를 데가 없죠. 사정이 이렇게 된 데는 교육의 영향이 가장 큽니다. 가령 독일이나 프랑스 같은 곳에서는 일찌감치 학교에서 노사 문제를 가르칩니다. 파업에 대해 학생들이 조별로 토론해요. 누구는 노동자의 입장에서, 누구는 경영자 입장에서, 누군가는 지역의 공무원 입장에서, 또는 기자 입장에서 의견을 냅니다. 이야기를 하다 보면 자연스레 노동자의 권리에 대해 이해하게 됩니다. 반면 우리 교육은 노동자의 권리에 대해 전혀 가르치지 않아요. 노동 문제 자체를 다루지 않습니다.

여러분 대부분은 앞으로 노동자로 살아가게 될 것입니다. 여러분을 가르치는 선생님도 노동자고요. 부모님 상당수도 노동자일 것입니다. 노동자의 자식이 노동자에게 배워서 앞으로 노동자로 살아가게 된다는 겁니다. 문제는 노동자의 권리는커녕 자신이 노동자라는 사실조차 깨닫지 못한 채 노동자가 된다는 것입니다.

한국의 자본주의는 매우 짧은 시간에 진행되었습니다. 우선 일본 제국주의에 의해 서구식 자본주의가 강제된 측면이 있지요. 그렇지 않았다면 한국의 자본주의는 자연스럽게 발전을 거듭했을 것이고 그 결과는 오늘날의 자본주의와 매우 달랐을 겁니다.

고도로 발달한 자본주의의 단계는 제국주의입니다. 자본주의가 발달하다 보면 밖으로 진출할 수밖에 없습니다. 원료 공급지를 확장해야 하고 물건을 팔 시장을 창출해야 합니다. 그렇게 하지 않으면 유지가 안 됩니다. 마치 굴러가는 바퀴처럼 말이죠. 그래서 계속 식민지를 만들고, 그러다가 또 제국주의 국가들끼리 부딪히고 하다 보니 전쟁이 끊이질 않습니다. 그러다가 1, 2차 세계 대전도 일어났죠. 19~20세기가 그런 역사였습니다.

이러한 역사적 맥락 때문에 식민지 한국의 독립운동은 자연스럽게 반자본주의적 성격을 띠게 됩니다. 한국뿐만 아니라 당시 식민지였던 대부분 나라가 그랬어요. 그런데 당시 자본주의에 반대하는 운동 중 가장 강력했던 게 무엇이냐, 바로 사회주의였습니다. 1989년 베를린

장벽이 무너지고 뒤이어 1991년 소련이 해체되기 전까지, 자본주의를 반대하던 많은 사람들은 사회주의를 대안으로 생각했습니다. 비록 거대한 실험이 총체적인 실패로 끝나긴 했습니다만, 역설적으로 사회주의가 자본주의를 발전시킨 측면이 있습니다.

"자본주의는 종말을 맞을 것이다. 새로운 사회주의를 실현하자." 이런 식으로 노동자들에게 꿈을 심어 주니까 어떻게 됩니까. 사회적으로 탄압받던 노동자들의 저항이 이어지지요. 그 결과 자본가들이 자기 욕심만 채울 수 없는 상황이 됩니다. 일정 부분 노동자들에게 양보할 수밖에 없었어요. 그 결과가 오늘날 우리가 말하는 '복지'입니다. 노동 시간을 줄이고 임금을 올립니다. 노동자를 위한 의료, 주택, 교육, 연금 정책이 시행되지요. 그렇지 않고 오늘날 신자유주의자들이 주장하듯 모든 사회 문제를 '시장'에만 맡겨 두었다면 어떻게 되었을까요? 자본주의는 진즉 망했을 겁니다. 부가 소수에 집중되고 가난한 노동자들을 대규모로 양산하는 초기 자본주의적 상태를 방치했다가는 사회 유지가 안 되었겠죠. 수많은 나라에서 사회주의 혁명이 일어났을 겁니다. 게다가 소련, 동유럽을 비롯한 사회주의 국가와 경쟁할 수밖에 없는 상황이 되자 국민을 설득해야 했습니다. 사회 복지를 안 하려야 안 할 수가 없었던 거예요.

한국 노동 운동의 흐름

일제 강점기의 노동 운동은 일본 자본을 상대로 한 싸움이었습니다. 해방 당시를 기준으로 하면 한반도에 있던 자본의 94퍼센트가 일본 제국주의 국가 기관이나 일본인 소유였어요. 조선인 자본은 얼마 되지 않았던 거죠. 일제는 경찰과 군대를 동원해서 탄압했죠. 그러다 보니 노동 운동이 반제 민족해방운동의 성격을 띠게 됩니다. 당시 식민지였던 나라들이 대부분 그랬어요.

그러다 해방이 되고 일제가 물러납니다. 그러니 국내 자본의 94퍼센트나 되는 일본인들이 남기고 간 공장, 생산 시설들을 어떻게 처리할 것인가 하는 문제에 직면합니다. 당연히 조선 사람 전체를 위해 쓰여야 했지요. 그들의 피와 땀을 쏟아서 만들어 낸 것이니까요. 그래서 일본인이 남기고 간 재산을 국유화해야 한다는 의견이 쏟아집니다.

당시 공장들은 원료를 일본의 식민지에서 가져다가 쓰는 경우가 많았습니다. 생산된 제품은 전쟁에 가져다 썼고요. 전쟁이 끝나고 해방이 되니 그런 시스템이 올스톱 됩니다. 상황이 이렇다 보니 당시 공장 노동자들은 어떻게든 공장을 돌려야 한다, 그래야 경제가 죽지 않는다며 자주적 관리를 주장합니다. 이를 '자주 관리 운동'이라고 했지요. 그렇게 조선인 노동자들이 일제가 남긴 생산 시설들을 살립니다. 그런데 얼마 후 미군정이 시작되지요. 미군정의 입장은 공장을 새로운 관리인들에게 맡기는 것이었어요. 주둔지에 자기들 세력을 확장시킬 수

단으로 여긴 겁니다. 당연히 현장 노동자들과 마찰이 생깁니다. 정치 깡패로 유명한 김두한이 해방 직후에 청년 단체에서 활동했습니다. 이때 주로 했던 일이라는 게 노동자 파업을 진압하는 거였습니다. 일제가 남기고 간 생산 시설에 대한 소유·관리권은 해방 이후 아주 중요한 문제였어요. 이를 두고 좌우 세력 간 대립도 격화되지요.

그러다가 남과 북에 각각 독자적인 정부가 들어서고 결국 전쟁이 일어납니다. 그 과정에서 이남의 좌익은 완전히 몰락합니다. 노동운동하던 사람들도 마찬가지고요. 반면에 미군정과 이승만에 빌붙은 친일 세력이나 노동운동을 탄압하던 쪽은 승승장구합니다. 아까 말씀드린 김두한은 1950년대에 대한노총의 최고위원이 돼요. 과거 노동운동을 탄압하던 사람이 노동조합 연합 조직의 최고 우두머리가 되는 웃지 못할 일이 생기는 거예요.

이런 상황에서 다시 노동운동이 고개를 드는 시기가 1960년대입니다. 군사 쿠데타를 일으켜 집권한 박정희가 경제 발전에 '올인'할 때입니다. 외국에서 차관을 들여다가 공장을 짓고 수출을 제1의 목표로 삼습니다. 서울 동대문시장 쪽으로도 공장이 많았고요. 주로 옷을 만드는 곳이었지요. 거기서 여공들이 많이 일했어요. 그런데 그때 여공들이 몇 살이었냐면, 10대였어요. 열서너 살 된 어린 친구들도 많았습니다.

그때만 해도 남성 중심 사회였습니다. 자식들을 줄줄이 낳아도 그중 큰아들이나 둘째 아들만 학교에 보내요. 딸들은 초등학교만 나오면 끝입니다. 그래서 그 나이에 서울로 올라가는 거예요. 가서 공장에 들어가거나 버스 안내원이 되거나 식모살이를 합니다. 그 돈으로 오빠, 동생 학비를 마련합니다. 요즘엔 고속버스도 안내원이 없죠. 옛날에는 시내버스에 차장이 있었어요. 그래서 차장이 직접 돈을 받았습니다. 돈도 받고 문도 열어 주고 했죠. 교통 사정이 워낙 안 좋으니까, 만원 버스라고 해도 사람들이 꾸역꾸역 올라탔는데 그럴 때 뒤에서 등을 떠미는 역할도 했습니다. 남의 집에서 먹고 자고 하면서 밥하고 설거지에 아이까지 돌보는 일도 했지요.

당시 동대문에 있는 옷 공장들은 작업 환경이 매우 안 좋았습니다. 작업장은 허리도 펼 수 없을 정도로 천장이 낮았습니다. 한 층을 이 층으로 나눠서 한 사람이라도 더 일을 시키는 거예요. 거기에 앉아서 밤새워 옷을 만듭니다. 12시간은 보통이고 물량이 몰리면 15시간, 16시간씩 일을 했어요. 옷감을 다루다 보니 먼지도 많고 제대로 된 환기 시설 하나 없었습니다. 그렇게 일하고 받는 돈은 얼마 안 되었어요. 한 달 임금 받아서 기숙사비 내고, 뭐 하고 하다 보면 남는 게 없었습니다. 형편없는 작업 환경과 저임금에 시달렸어요.

그때 이들의 처지를 안타까워하면서 분신한 사람이 있었습니다. 바로 전태일이에요. 그가 청계천에서 온몸에 불을 붙이고 외칩니다. "근로 기준법을 지켜라, 우리는 기계가 아니다." 근로 기준법은 노동자를 보호하기 위한 법률입니다. 당시 아무도 지키지 않는, 그런 사문화된 법이었죠. 전태일이 그런 것이 있다는 사실을 알고 찾아서 읽어 봅니다. 그런데 죄다 한자로 쓰여 있어요. 옥편으로 한 글자 한 글자 찾아

읽으며 생각합니다. 그러면서 '이럴 때 대학생 친구 하나 있었으면.' 하고 생각했지요. 근로 기준법을 쭉 읽어 줄 만한 대학생 친구를 그리다가 자신의 몸을 불사른 전태일의 죽음은 대학생들의 가슴에 사무칩니다. 그때부터 평생을 노동자들의 벗이 되어서, 약한 사람들의 편에 서서 살겠다는 사람이 많이 나왔습니다.

수많은 대학생이 노동자들을 위해서, 노동자가 되겠다며 자발적으로 공장으로 간 나라가 전 세계에 없어요. 그들이 한국의 노동운동을 발전시키는 데 큰 역할을 합니다. 수많은 노동자와 지식인, 종교인들이 싸웠습니다.

대표적인 것이 '동일방직 사건'입니다. 이 회사는 종업원이 대부분 여성이었어요. 노동조합이 옛날부터 있었지만 주로 남자들이었고요. 몇 명 안 되는 남자 노동자들이 회사 편에 붙어서 같은 노동자인 여성들을 깔보고 그랬습니다. 대신 회사 쪽으로부터 특별 대우를 받았죠. 이대로는 안 되겠다고 생각한 여성 노동자들이 직접 노동조합에 참여해 민주노조를 만듭니다. 그러면서 회사와 싸우게 돼요. 회사 측은 물론이고 노동조합의 주도권을 빼앗긴 남자 노동자들, 또한 노동운동의 확산을 우려한 지금은 국가정보원으로 이름이 바뀐 중앙정보부 같은 곳에서 탄압을 하게 됩니다. 당시 한국은 저임금을 바탕으로 한 수출 주도형 성장을 거듭하고 있었습니다. 그걸 통해서 자본가들도 많은 이익을 내고 있었고요. 그런데 노동운동이 거세지고 임금이 올라가면 어떻게 되겠어요. 자기들 몫이 줄어들잖아요. 자본가들이 정부에다가 아

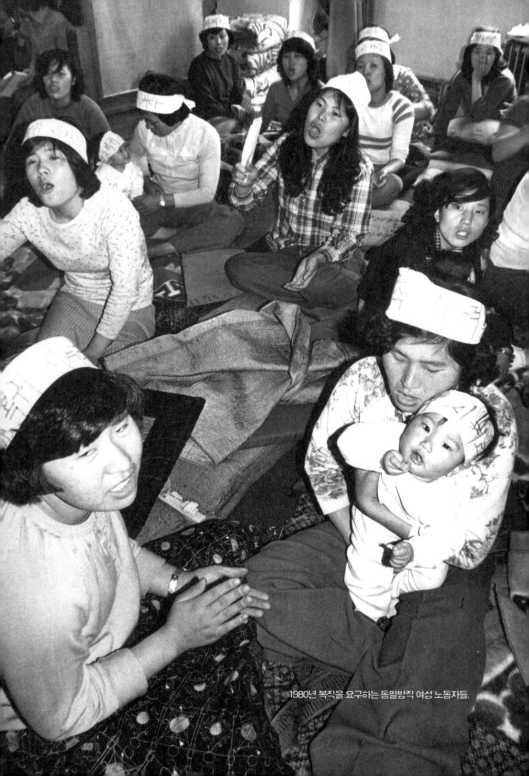

1980년 복직을 요구하는 동일방직 여성 노동자들.

우성을 칩니다. 그래서 중앙정보부가 노조원들 잡아다가 두들겨 패고, 빨갱이라고 집어넣고 하는 그런 짓을 많이 저질렀습니다.

새롭게 등장한 동일방직 노동조합은 식사 시간 확보, 남녀 임금 차별의 철폐, 환풍기 설치, 생리 휴가 등을 쟁취했습니다. 여기에 영향을 받아 원풍모방, 반도상사, YH무역 등에서도 잇달아 민주노조가 세워지지요. 이걸 가만히 두고 볼 독재 정권이 아니었습니다. 사측과 중앙정보부는 남자 직원들을 사주해서 동일방직 민주노조 와해 공작을 펼칩니다. 그 과정에서 노동조합 선거 모임을 하는 노동자들에게 똥물을 뿌리는 만행을 저지릅니다. 사측은 노조 사무실을 점거하고 124명의 노동자를 해고합니다. 분노한 노동자들이 "우리는 똥을 먹고 살 수는 없습니다." 하고 외치며 크게 싸움이 일어났습니다.

1979년도에는 'YH 사건'이 일어납니다. 당시 노동자들이 회사의 폐업 조치에 항의하며 당시 야당인 신민당사에 들어와서 농성했는데 이걸 강제 해산하는 과정에서 노동자 1명이 사망합니다. 노동자들은 모두 강제 연행되고 당시 신민당의 총재였던 김영삼도 끌려가지요. 이들 사건은 민주 세력들이 반유신 투쟁을 벌이는 계기가 됩니다. 노동자들의 싸움이 유신 정권을 무너뜨리는 큰 힘이 됩니다. 노동운동이 그만큼 중요합니다. 1970년대에 한국 경제가 발달하는 데 10대 여성 노동자들의 활약이 매우 컸다는 점, 그럼에도 성장의 혜택에서 소외되었다는 점, 그리고 이들의 투쟁이 18년 동안의 장기 집권을 무너뜨리는 도화선이 되었다는 것을 기억해야 합니다.

민주화가 밥 먹여 준다

1970년 중반 이후에 처음으로 민주노조가 만들어지고, 우리 노동운동사에 큰 역할을 하는데 그 주축이 여성이었습니다. 당시 노동자 숫자로만 치면 남성 노동자들이 더 많았을 거예요. 그럼에도 동일방직, YH무역은 여성 노동자들의 싸움이었죠. 영풍모방, 남양나일론, 반도상사, 한일합섬, 태광산업, 해태제과, 청계피복 등 당시 규모가 큰 노동 쟁의 현장이 모두 여성 노동자가 일하는 곳이었어요. 왜 여성 노동자인가? 여기에 대해 일부 학자들은 여성들에 대한 착취가 더 심했기 때문이라고 합니다. 하지만 저는 질문을 달리해서 생각해야 한다고 봐요. 즉, '왜 남성 노동자는 싸우지 않았는가?' 하는 것입니다.

저는 배후에 '군대'가 있었다고 봐요. 위에서 시키는 대로 하는 걸 일찌감치 배우고 온 거예요. 군대 갔다 온 사람은 척하면 척이죠. 말 안 해도 뭘 어떻게 해야 할지 압니다. 부당한 요구에도 잘 적응합니다. 조금만 참자, 하고 넘어갑니다. 그런데 여자들은 어때요, 이런 메커니즘이 생소할 수밖에 없어요. 차별을 받아들이고 정당화하는 군대식 조직 문화가 끼어들 틈이 없습니다. 그래서 1970년대에 첫 테이프를 여성 노동자들이 끊은 거예요.

1980년대는 5월 광주에서 시작합니다. 한국 사회는 이를 계기로 큰 변화를 맞게 되지요. 국민을 학살한 전두환이 대통령이 되자 운동의 방식도 더 거세집니다. 이념적으로 더 치열하게, 좀 더 독한 마음으로

싸웠던 거예요. 노동운동도 마찬가지였습니다.

당시 대학생들이 '위장 취업'을 많이 했습니다. 자기 신분을 감추고, 공장에 들어갑니다. 학력을 알리면 안 받아 주니까 '위장'할 수밖에 없었던 거예요. 그들이 노동운동에 미친 영향은 좋은 점도 있고 그렇지 못한 점도 있을 테지만, 그들의 정신만큼은 매우 소중하다고 생각해요. 당시 대학생들, 사회 기득권이 될 수 있었던 사람들이 노동운동을 어떻게 조직해야 하는지, 노동자들에게 무엇을 배워야 하는지, 이런 걸 두고 토론했어요. 자기를 버리고 오로지 정의를 위해 투신했던 거예요. 그렇게 수천의 젊은이들이 노동운동에 뛰어들었습니다.

그리고 1987년 가을 우리는 노동 운동 역사에 큰 획이랄 수 있는 7·8·9월 노동자 대투쟁을 맞습니다. 87년 민주화 항쟁이 있은 지 불과 한 달 후에 전국에서 폭발적으로 노동운동이 일어나요. 여기서 우리가 기억해야 할 게 하나의 정치적인 사건이 크게 일어나면 뒤이어 노동운동이 크게 벌어진다는 것입니다. 3·1운동이 그렇습니다. 전국적으로 독립 만세가 울려 퍼지고 나서 그다음 해에 노동 쟁의가 몇 배 증가합니다. 해방이 되고 나니까 또 노동 쟁의가 몇 배 증가하고요. 4·19도 그랬고 박정희가 죽고 난 후 1980년 '서울의 봄' 때도 그랬습니다. 그러더니 1987년 6월 항쟁이 끝나고 나니까 노동 쟁의가 거의 '폭발'해요. 어느 정도였냐면 이후 석 달 동안에 벌어진 파업이 3000건이 넘어요. 1953년부터 1987년까지 있었던 파업을 모두 합친 것과 비슷합니다. 6월 항쟁 이전까지 만들어진 노동조합이 1500개 정도인데, 이후

석 달 동안 생긴 게 1000개가 넘습니다. 엄청난 거죠.

그때까지 한국은 철저한 저임금에 기반을 둔 수출 위주의 경제 정책이었습니다. 노동자들의 임금을 안 올렸어요. 그래도 밥은 먹여야 하니까 어때요, 쌀값도 덩달아 억제했습니다. 그런데 이러한 저임금 저곡가 정책을 가능하게 했던 건 '기적의 음식' 라면입니다. 라면이 처음 나왔을 때 10원이었거든요. 1970년대 후반 물가가 많이 올랐을 때도 100원이었으니까 노동자들이 큰 부담 없이 사 먹을 수 있었습니다. 그렇게 라면에 찬밥 말아먹으면서 버텼는데, 자본가들은 계속 돈을 쌓아두기만 했죠. 이젠 노동자들도 좀 살자고, 임금을 올려달라고 하면 "일단 파이를 키워야 나눠 줄 게 생긴다"면서 딴청을 부렸습니다. 그렇게 쌓였던 울분이 1987년에 터진 거예요. 당시 권력이 정치적으로 직선제를 수용하고 국민의 눈치를 볼 수밖에 없는 상황이었기 때문에 파업을 함부로 진압하지 못합니다. 예전 같으면 정보기관을 동원해서 두들겨 패고 고문하고 했겠지만, 그럴 상황이 아니었던 거예요. 여기저기서 노동조합이 생기고 파업을 합니다. 그때 우리나라 노동자 임금이 많이 올랐어요.

제가 아는 사람이 울산에서 노동운동을 하고 있었습니다. 이 친구가 당시 파업으로 임금이 많이 올랐을 때 얘기를 합니다. 지금이야 통장으로 넣어 주지만 당시만 해도 월급 봉투에 현찰을 넣어 줬습니다. 그런데 쟁의가 끝나고 월급을 딱 받는데 봉투가 두툼한 거예요. '아니, 경리 아가씨가 왜 천 원짜리로 줬지?' 그런 생각이 들 정도였다고 합

1987년 8월 울산에서 투쟁을 하는 노동자들의 모습.

니다. 그런데 보니까 만 원짜리더래요. (웃음) 얼마나 기뻤겠어요. 그런데 그것도 잠시, 한 3초쯤 지나니까 슬금슬금 걱정이 밀려오더래요. 당시 함께 일하던 노동자가 2만 명인데 이 사람들 모두에게 자기만큼 월급을 올려 주면, 회사 망하는 거 아닌가? 이런 생각이 든 거예요. 워낙에 사측이 어렵다, 망한다 하고 엄살을 피우니까 아예 세뇌를 당한 겁니다. 그런데 보니까 안 망하거든요? 여전히 회사는 성장하고 나라 경제도 멀쩡합니다. 그 후로 노동자로서 의식도 많이 변했다고 해요.

실제로 노동조합을 결성하면 그 자체로 달라지는 것들이 많습니다. 우선 회사의 경영 상태를 확인할 수 있어요. 회사의 장부를 들여다볼 수가 있단 말이에요. 임금을 그렇게 많이 올려 줬는데 여전히 회사가 흑자다, 이러면 그동안 회사가 거짓말한 거잖아요. 다음에는 회사 망할 걱정 없이 또 임금 인상을 요구합니다. 그래서 노동조합을 만든 대기업 노동자들의 임금이 정말 많이 올랐어요. 이를 필두로 전국적으로 다른 기업의 임금도 올랐고요.

노동자들의 임금 인상은 사회적으로도 많은 변화를 불러옵니다. 보수 세력들은 "민주화가 밥 먹여 주냐?"면서 비아냥거렸죠. 그런데 실제로 민주화가 살림살이를 나아지게 한다는 사실이 이때 입증됩니다. 노동자 소득이 증가하면서 이들의 소비력도 증가합니다.

임금이 오르는 한편 쉬는 날도 늘게 되죠. 노동자들의 여가 시간이 늘면서 문화 산업이 탄력을 받습니다. 1980년대까지 통틀어서 가장 히트한 영화가 장미희가 주연한 〈겨울 여자〉(1977년)입니다. 관객 60만

명으로 국내 영화 사상 최고의 히트였습니다. 그런데 이 기록이 1990년 〈장군의 아들〉이 개봉하면서 깨집니다.

그전에는 노동자들이 영화를 볼 수가 없었어요. 설날이 유일했습니다. 당시는 설날이 둘이었어요. 그중 신정이라고 양력설에만 쉬었지요. 음력설은 반공일이라고 해서 오전 근무만 했어요. 학교, 공장, 관공서가 그랬습니다. 그래서 오후에 공장을 나온 사람들이 극장에 갔습니다. 당시 국도극장이나 아세아극장 같은 데 사람들이 인산인해를 이룬 장면들이 뉴스에 등장할 정도였어요. 그렇게 1년에 한 번, 추석 포함해서 겨우 두 번 볼까 말까 한 게 영화였습니다. 그러던 것이 노동자 대투쟁기를 거치면서 평일도 마음만 먹으면 시간을 낼 수 있는 그런 시대가 열린 겁니다.

임금이 많이 오르니 노동자들 먹는 것도 달라졌습니다. 치킨도 먹고, 삼겹살도 먹고, 횟집도 엄청 늘어났죠. 먹는 게 달라진 것이 국민들의 평균 수명이 크게 늘어나는 데 기여했을 것입니다. 노동자들의 임금 상승은 소비로 이어집니다. 집집마다 컬러 TV를 들여놓기 시작해요. 그전에도 컬러 TV를 생산은 했지만 수출용이었습니다. 박정희가 국내는 흑백 TV만 허락했어요. 그러던 걸 전두환이 집권하면서 국민들 시선 좀 돌려 보자고 해서 컬러 TV 방송을 시작합니다. 중산층들이 먼저 컬러 TV를 구매합니다. 노동자들은 아직 돈이 없었죠. 그러다가 임금이 오르자 여력이 생긴 겁니다. 그때부터 컬러 TV, 냉장고, 세탁기가 팔려나가기 시작합니다. 내수 시장이 활성화되는 겁니다. 한국

경제가 1990년대까지 계속 발전할 수 있었던 이유입니다. 민주주의가 경제 발전의 견인차 역할을 한 거예요. 1970년대에 박정희가 민주주의는 비효율적이라서 경제 발전이 안 된다고 했습니다. 괜히 민주주의가 어쩌고 떠들다가는 깡통 차고 북한한테 잡아먹힌다고 했어요. 하지만 박정희가 죽고 나서 그의 말이 사실이 아니라는 것이 드러납니다. 민주주의와 경제 발전이 결코 따로 따로가 아니라는 걸 국민들이 알게 된 거예요. 문제는 이러한 흐름을 계속 이어가지 못했다는 겁니다. 딱 거기까지였어요.

비정규직의 나라

1987년 6월 항쟁 이후에 7·8·9월 노동자 대투쟁이 있었고 한 2, 3년 임금 인상이 이어지다가 멈춰요. 1989년도에 베를린 장벽이 무너집니다. 뒤이어 소련이 해체하면서 전 세계적으로 사회주의의 힘이 약화됩니다. 그전에는 서로 경쟁하면서 자본주의가 복지를 하지 않을 수 없었다고 말씀드렸잖아요. 그런데 이제 눈치 볼 일이 없어진 겁니다. 외려 "봐라, 사회주의는 망하지 않았느냐." 하면서 노골적으로 이윤을 추구할 명분이 생긴 거예요. 전 세계에서 자본가들이 그동안 양보했던 것들을 거둬들이기 시작합니다. 사회 복지가 축소되고, 노조의 권한이 약해집니다. 정부와 자본이 언론을 움직여 노동조합을 깨기 시작해요.

이른바 '신자유주의'의 시대가 시작됩니다.

　현실 사회주의가 무너지자 전 세계적으로 1990년대부터 신자유주의가 강력하게 대두합니다. 한국도 예외가 아니었죠. 1987년 6월 항쟁 이후로 위축된 수구 세력들은 김영삼과 김대중이 갈라서는 바람에 기사회생합니다. 이후 대통령 선거에서 민정당의 노태우가 당선되죠. 그나마 국회는 여소야대 즉 민주 세력이 우세했습니다. 그러던 것이 '3당 합당'으로 완전히 뒤바뀌어 버려요. 공화당의 김종필, 민주당의 김영삼, 민정당의 노태우가 야합해서 민주자유당, 줄여서 민자당을 만듭니다. 이게 나중에 신한국당이었다가 한나라당, 새누리당으로 이어지지요. 이른바 '보수 대연합'입니다. 정치 사정이 이렇게 변하니까 그동안 계속 노동자들에게 밀리던 자본가들이 반격을 시도합니다.

　이제 됐다, 노동자들에게 그만 양보하자, 생각한 거죠. 다양한 방법으로 노동 통제에 들어갑니다. 비정규직도 그 무렵 새로 생겨난 것들 중 하나입니다.

　1996년 12월 김영삼 정부가 노동자들의 노동 조건을 크게 악화시키는 방향으로 노동법을 날치기 처리합니다. 노동자들의 반발이 거셌죠. 전국적으로 총파업이 일어나고 결국 국회에서 재논의하게 됩니다. 하지만 이러한 저항도 잠시 이듬해 IMF 사태를 맞으며 비정규직이 확산되기 시작해요. 그전까지는 비정규직 자체는 있었지만 사회 문제로 취급되지 않았습니다. 그만큼 문제가 심각하지는 않았다는 거예요. 청소하는 분, 식당에서 일하는 분들 모두 정규직이었습니다. 그러다가 전

부 잘립니다. 대신 회사는 외주, 하청, 도급, 파견, 용역 등 그 이름도 생소한 다양한 형태로 고용합니다. 모두 비정규직에 해당해요. 이들은 임금 체계나 근로 조건이 모두 다릅니다. 정규직이랑 함께 싸울 수가 없죠. 연봉제도 도입됩니다. 각자 임금 조건이 달라서, 협상도 개별적으로 해야 해요. 단결은커녕 다른 노동자들을 잠재적인 경쟁자로 두게 됩니다.

비정규직의 특징은 임금이 낮다는 것과 해고가 쉽다는 것입니다. 같은 업체에서 똑같은 일을 해도 임금은 반밖에 못 받아요. 차이는 정규직이냐 비정규직이냐입니다. 회사의 매출이 떨어지거나 일감이 줄면 비정규직부터 해고됩니다. 이건 정규직에 대한 협박이자 회유이기도 해요. 너희는 그냥 둘 테니 가만있으라는 거죠.

처음 비정규직이 도입될 때는 소수였습니다. 그러다 엄청나게 늘어난 거예요. 개인적으로 서산에 있는 동희오토라는 업체를 방문한 적이 있습니다. 대기업에서 하청을 받아 '모닝'이라는 소형차를 만드는 곳입니다. 부품을 조립해서 완성차를 만드는 공장인데, 거기서 깜짝 놀랄 얘기를 들었습니다. 1200명의 생산직 전원이 비정규직이라는 거예요. 그전에는 몇천 명 직원 중에 많아야 30, 40명 정도였거든요. 불과 10~15년 사이에 생산직 전원이 비정규직인 업체가 나온 거예요. 물론 비정규화는 세계 여러 나라의 공통된 현상입니다. 예컨대 캐나다는 비정규직 비율이 15~20퍼센트가 되었다고 난리예요. 그런데 한국은 50퍼센트가 넘었거든요. 새로 생기는 일자리, 20대들이 새로 얻게 되는 일자리의 80퍼센트가 비정규직이에요. 청소년들도 예외는 아닙니다. 열악한 노동 조건에 처한 친구들이 아주 많아요. 문제는 국회에서 이들을 대변하는 목소리가 없다는 것입니다. 민주주의가 제대로 작동하지 못하는 거예요.

상황이 이럼에도 우리는 노동 문제에 둔감합니다. 학교에서 배울 기회가 없으니 사회에 나가서 몸으로 때우면서 알게 됩니다. 절대다수의 학생들이 노동자, 그중에서도 비정규직으로 살아갈 운명인 마당에 노동 교육은 필수인 거예요. 노동의 역사, 노동 인권, 이런 것을 학교에서 가르쳐야 하는데 그러지 못하고 있습니다. 시험에 안 나오는 걸 굳이 알려고 하지도 않죠. 어떻게든 좋은 대학에 가는 게 시급한 문제니까요. 청소년들이 노동 착취를 받아도 상담할 데가 변변하지 않습니다. 오늘날 우리가 노동 교육에 관심을 두어야 하는 이유입니다.

야홉 번째 강의

교과서에 나오지 않는
우리 역사

일제 강점기 을밀대의 고공 농성

여러분, 혹시 조선의 최후가 어땠는지 아시는 분 있습니까? 잘 모르시죠. 배우지 않았으니 당연합니다. 무려 500년이 된 나라가 망했는데 학교에서 그 과정을 잘 안 가르쳐요. 한일 병합 조약이 체결되는 걸로 나라가 망한다는 게 끝입니다. 그때 조선통감 관저에서 한국을 대표해서 도장을 찍은 이가 바로 이완용입니다. 그래서 '나라 팔아먹은 놈', '매국노' 하면 가장 먼저 떠오르는 인물이 되지요. 그런데 사실 국가 간 조약이 어느 한 사람의 결정으로 이루어지는 건 아니거든요. 사전에 준비가 철저합니다. 병합을 위한 실무를 맡은 사람들은 따로 있다는 얘기예요.

대표적인 인물이 신소설 『혈의 누』로 잘 알려진 이인직입니다. 교과서에도 나오는 유명한 사람이죠. 그런데도 사람들은 그가 나라를 팔아 먹은 대표적인 친일파 중 한 사람이었다는 사실을 잘 모릅니다. 아무도 그 사실은 가르쳐 주지 않았으니까요. 신소설의 창시자, 한일 병합 조약의 실무자, 이 중 어떤 것이 더 중요합니까. 물론 반론이 있을 수 있습니다. 한번은 토론회 자리에서 어떤 분이 자꾸 '친일파'라는 표현을 쓰지 말라고 합니다. 그러면서 진보 진영의 편협한 민족주의 사관이 문제라고 해요. 한 인간의 다양한 모습을 봐야 하는데 어느 일면만 보고 판단한다는 겁니다. 기가 막히더군요. 친일파를 친일파라고 부르지도 못하게 하는 거예요. 홍길동이 왜 가출을 했는지 알겠더라고요. (웃음)

한일 강제 병합 도장을 찍은 곳이 통감관저예요. 통감의 침실에 딸린 부속 응접실 테이블에서 물건 팔듯이, 회사 합병하듯이 도장 찍어 500년 된 나라가 망했다는 거예요. 그런 민족의 비극적인 역사가 있었던 장소인, 남산의 옛 통감관저 터를 지나면 서울유스호스텔이 나오는데 거기가 바로 중앙정보부 본부 건물이었습니다. 조선을 집어삼킨 일본 군국주의의 상징적인 공간과 군사 독재의 중추 기관이었던 중앙정보부가 한 필지 안에 있는 거예요. 일본 군국주의를 청산하지 못하고 군사 독재를 맞은 우리 근현대사의 비극을 상징적으로 보여 줍니다. 왜 이런 일이 생긴 걸까요? 백범 김구가 예감했듯이 우리 손으로 독립을 이루지 못해서입니다. 그렇다고 부끄러워할 일은 아닙니다. 우리 민족이 일제 강점기 내내 고분고분 지냈나요? 정말 오랜 시간 동안 맹렬하게 싸웠잖아요. 비록 우리가 직접 일제를 굴복시키지는 못했지만

세계사에 길이 남을 항쟁을 이어갔다는 점, 그것을 우리가 기억해야 합니다. 수많은 독립투사가 무장투쟁을 하고 의열단을 조직해서 일제 주요 인사를 처단했습니다. 외교 활동을 벌이고 교육과 문화운동에 헌신했어요. 역사는 기억을 둘러싼 전쟁이에요. 무엇을 기억하느냐에 따라 현재가 달라집니다.

1945년 9월 3일 미주리 함에서 맥아더 장군이 지켜보는 가운데 일본 외무상이 항복 문서에 서명합니다. 저 항복을 백범 선생이 받았으면, 그리고 뒤에 서 있는 사람들이 미군 장교들이 아니라 광복군 지휘관들이었으면 얼마나 좋았을까요? 불행하게도 그러지 못했습니다. 그런데 거기 윤봉길 의사가 와 계세요. 외무상이 짚고 있는 지팡이가 바로 윤봉길 의사입니다. 무슨 말이냐고요? 설명을 드리겠습니다.

영화 〈암살〉(2015년)에서 우리가 해방되었다는 것을 바로 이 장면으로 보여줍니다. 당시 항복 문서에 조인한 일본 외상 시게미쓰 마모루는 13년 전인 1932년 홍커우 공원에서 윤봉길 의사가 던진 폭탄에 목숨을 건졌지만 다리를 다쳐 절름발이가 됩니다. 현장에 있던 일본 군인들도 많이 죽거나 다쳤어요. 시게미쓰 마모루는 그래서 의족을 하고 지팡이를 짚어야 걸을 수 있었습니다. 영화에서 해설자가 이 이야기를 하자 영화를 보던 우리 청년들이 와하고 함성을 지르죠. 항복 문서에 조인하기 위해서 한발 한발 걸어오는 그 발걸음에 윤봉길 의사가 계신 겁니다. 그 역사적 현장에 윤봉길로 대표되는 조선 독립운동이 있었던 거고, 조선 독립운동으로 상징되는 동아시아 피억압, 반제투쟁이 거기

▲ 1945년 9월 3일 미주리 함상에서 항복문서에 서명하는 일본대표 시게미쓰 마모르.
시케미쓰 마모르의 의자 옆에 세워둔 지팡이가 보인다.

에 함께하고 있던 거죠. 미국을 위시한 연합군에게 일본이 항복했지만 우리 싸움도 있었던 겁니다.

그 시게미쓰라는 이름을 이어받은 한국 사람이 누군지 아십니까? 롯데그룹 신격호 일가의 일본 이름이 시게미쓰예요. 무일푼 재일동포 청년이 어떻게 일본에서 재벌이 되었는가, 요즘은 롯데가에 대한 여론이 아주 안 좋아져서, 롯데그룹에서는 최근 들어 부인하기 시작했지만, 지난 수십 년 동안 언론 등에서는 신격호가 시게미쓰 마모루의 조카사위라서 처가 덕을 보았다, 그렇게 이야기했어요. 그리고 윤봉길 의사가 던진 폭탄에 맞아 죽은 일본의 상하이 침략군 사령관이 시라카와 요시노리예요. 이 사람 이름을 따서 창씨개명을 하고 독립군 토벌에 앞장선 사람이 수구 진영에서 우리나라 최고의 원로로 꼽는 백선엽입니다. 윤봉길 의사가 살아오시면 정말 헷갈리실 거예요.

여러분, 김진숙 민주노총 지도위원의 고공 농성 기억하십니까. 일제 강점기에도 이와 비슷한 싸움이 있었습니다. 1931년 강주룡은 평양 을밀대에 올라 한국 노동운동사 최초의 고공 농성을 벌입니다. 평원 고무공장 노동자였던 이분이 올라간 을밀대는 10미터가 넘는 축대 위에 지어진 누각이에요. 거기 지붕 위에 올라가서 농성을 벌이다가 일본 경찰에 체포됩니다. 이분 주장이 뭐였느냐 하면 자기랑 같은 작업반에 있는 어린 여공들의 월급까지 깎일 수 없다는 거였어요. 당시 공장에서 임금을 삭감했거든요. 우리 공장 임금이 깎이면 평양의 고무노동자들 임금이 깎일 거고 결국 조선 팔도 노동자 임금이 다 깎인다. 그

▲ 평양 을밀대에 올라 농성을 벌이고 있는 강주룡.

럴 수는 없다는 거예요. 여덟 시간쯤 버티다가 잡혀가고 거기서 또 단식 투쟁하고 그러면서 결국 이를 막아냅니다.

　안타까운 건 이런 분들이 해방 이후 새로운 나라에서 빛을 보지 못했다는 거예요. 정말 우리 가슴을 뛰게 하는 독립투사들의 전설 같은 이야기가 다 사라졌어요. 분단 때문입니다. 한반도에 미군과 소련군이 주둔하면서 38선으로 갈라집니다. 요즘은 해방 이후에 태어난 분들이 대부분이라 이남과 이북으로 갈린 걸 당연하다고 생각할지 모르지만 아닙니다. 너무나 당연하게도 우리는 하나의 나라였어요.

2차 대전 이후에 식민지에서 독립한 나라가 150개쯤 됩니다. 그 나라 지도자들은 누구였습니까. 독립운동하던 사람들이었어요. 제국주의에 빌붙던 사람들은 짐 싸서 도망갔습니다. 그런데 예외가 딱 두 나라예요. 남베트남하고 한국입니다. 두 나라는 제국주의에 기생하던 사람들이 정권을 잡습니다. 그나마 남베트남은 베트남 전쟁 이후 지구 상에서 사라졌지요. 오늘날 제국주의에 협력했던 사람들이 식민지 독립 이후에도 대대손손 잘 먹고 잘사는 나라는 한국이 유일하다는 겁니다. 새로운 세상을 꿈꾸던 독립투사들의 전설 같은 이야기는 사라지고, 나라 팔아먹은 친일파들이 신문화의 아버지로 추앙을 받고 있습니다.

해방 후 제헌헌법과 경제 민주화

해방이 되고 총독부 건물에서 일장기가 내려간 건 좋은데 태극기 대신 미국의 성조기가 올라갔어요. 미국과 소련이 우리를 남북으로 분단시켰는데, 분단을 극복하지 못하고 이남에서 단독으로 대한민국 정부가 수립됐습니다. 이 시기에 대해 하고 싶은 얘기가 많지만 건너뛰고 제헌헌법* 이야기만 할게요. 여러분, 제헌헌법은 한국 역사에서 엄청나게 중요한 의의가 있습니다. 그런데 혹시 한 번이라도 이 헌법을 읽

---

*   1948년 대한민국 제헌 국회가 제정한 헌법. 전문과 본문 10장 130조로 구성되었다. 1952년 이승만 정권이 개정할 때까지 존속되었다.

어 보신 적이 있나요? 대한민국의 정체성을 규정하는 중요한 문건임에도 학교에서 안 가르칩니다. 시험에도 나온 적이 없어요. 왜 안 가르칠까요? 한번 살펴보도록 하겠습니다.

▲ 제헌헌법 공포를 기념하여 찍은 제헌 국회의원 단체사진.

　우선 제헌헌법을 누가 만들었느냐. 좌파일까요? 그럴 리가 없습니다. 그들은 단독 정부 수립을 반대했어요. 중간파는요? 마찬가지로 백범을 따라서 남북 협상하러 이북을 갔다 왔고, 단독 정부 수립을 반대했습니다. 제헌헌법은 우파들이 모여서 만든 거예요. 그럼에도 그 내용이 깜짝 놀랄 만큼 진보적입니다.

　단결권, 단체 교섭권, 단체 행동권, 오늘날 말하는 '노동 3권'입니다.

그나마 오늘날에도 제대로 지켜지지 않죠? 노동자의 단결권이 보장된
다지만, 우리나라 노동자 100명 중 노조에 가입한 사람은 10명이 채
안 돼요. 그런데 제헌헌법에는 이에 더해 '노동 4권'이 있었습니다. 18
조에 이런 얘기가 나옵니다.

제18조 근로자의 단결, 단체 교섭과 단체 행동의 자유는 법률의 범위 내
에서 보장된다. 영리를 목적으로 하는 사기업에 있어서는 근로자는 법률의
정하는 바에 의하여 이익의 분배에 균점할 권리가 있다.

"이익의 분배에 균점할 권리가 있다." 이게 무슨 말입니까. 기업이
돈 벌면 그걸 노동자와 나누라는 얘기예요. 과격하지요? (웃음) 정상
적인 자본주의 사회에서 이익은 누구 거죠? 사장님 것, 정확히 얘기하
면 자본가 것이에요. 그런데 우리 제헌헌법은 이걸 나누라고 했어요.
우리가 교과서에서 배우길 노동자는 자기 노동력 팔고 임금 받으면 그
걸로 끝이거든요. 보너스는 사장님 마음입니다. 기분 좋으면 소고기
사 먹으라고 덤으로 주는 거예요. 의무가 아니라는 겁니다. 그런데 제
헌헌법은 이걸 노동자의 권리라고 선언한 거예요. 이어서 84조를 볼
까요.

제84조 대한민국의 경제 질서는 모든 국민에게 생활의 기본적 수요를 충
족할 수 있게 하는 사회 정의의 실현과 균형 있는 국민 경제의 발전을 기함

을 기본으로 삼는다. 각인의 경제상 자유는 이 한계 내에서 보장된다.

일전에 마이클 샌델 교수가 쓴 『정의란 무엇인가』라는 책이 베스트셀러가 됐었죠. 판매 부수가 100만 부로 미국보다 더 많이 팔렸답니다. 그만큼 정의에 대한 국민적 관심이 많았다는 뜻입니다. 그런데 '정의'가 뭔지 꼭 하버드 교수한테 물어봐야 합니까? 저는 우리 제헌헌법이 훨씬 더 잘 규정해 놨다고 봐요. "모든 국민에게 생활의 기본적 수요를 충족할 수 있게 하는 사회 정의"라는 문장 속에 잘 담겨 있습니다. 대한민국 국민으로 태어났으면 누구든지 돈이 없어서 밥 못 먹고 누구든지 돈이 없어서 공부하고 싶은데 못 배우고 누구든지 돈 없어서 아픈데 치료 못 받아서는 안 된다. 그게 정의예요. 여러분, 이런 나라에서 한번 살아 보고 싶지 않으세요? 제헌헌법이란 대한민국이란 정치 공동체를 세울 때 그 구성원들이 맺은 계약서 원본입니다. 그 내용을 여러분들이 기억해야 해요.

제헌헌법에 의하면 부동산 투기는 불법이에요. 왜? "각인의 경제상 자유는 이 한계 내에서 보장"되기 때문입니다. 투기로 값을 올려놓으면 가난한 사람이 살 수가 없잖아요. 누구도 그럴 자유가 없다는 겁니다. 좀 더 어마어마한 얘기를 할까요?

제85조 광물, 기타 중요한 지하자원, 수산 자원, 수력과 경제상 이용할 수 있는 자연력은 국유로 한다. 공공 필요에 의하여 일정한 기간 그 개발 또는 이용

을 특허하거나 또는 특허를 취소함은 법률의 정하는 바에 의하여 행한다.

제86조 농지는 농민에게 분배하며 그 분배의 방법, 소유의 한도, 소유권의 내용과 한계는 법률로써 정한다.

제87조 중요한 운수, 통신, 금융, 보험, 전기, 수리, 수도, 가스 및 공공성을 가진 기업은 국영 또는 공영으로 한다. 공공 필요에 의하여 사영을 특허하거나 또는 그 특허를 취소함은 법률의 정하는 바에 의하여 행한다. 대외무역은 국가의 통제하에 둔다.

지금 이런 얘기 했다간 당장 좌파로 몰릴 겁니다. 요즘은 '민영화', 정확하게 말하면 '사유화'가 대세죠. 하지만 당시만 해도 그렇지 않았습니다. 국가가 주요 산업 시설을 직접 관리해야 한다고 믿었던 거예요. 우리 헌법 1호인 제헌헌법이 이렇습니다. 우파들이 모여서 나라를 만들 때 국민과 약속한 거예요. 역사적으로 대한민국에 등장했던 그 어느 정당의 강령보다도 진보적이고 급진적인 내용을 다른 사람도 아닌 우파들이 제헌헌법에 담습니다.

당시 첨예한 문제였던 농지 소유권만 해도 그래요. 86조를 보면 농지는 농민에게 분배한다고 명시되어 있죠. 지주들의 토지 소유권을 인정 안 하겠다는 거예요. 놀라운 사실은 당시 조선 팔도를 통틀어 가장 많은 농지를 갖고 있던 인촌 김성수도 이걸 반대하지 못해요. 자기 땅을 다 뺏어 가겠다는 조항인데도 찬성합니다. 왜? 이게 시대정신이었으니까요. 국민의 거룩한 명령이었던 거예요. 좌우를 막론하고 독립운동가들이 국민에게 약속했던 바이기도 합니다. 당시 국민의 80퍼센트가 농민이었습니다. 좌우를 막론하고 독립운동가들은 지주들 땅을 돌려주겠다고 말해 왔어요. 그걸 지키고자 한 겁니다.

지금의 관점에서 보면 급진적이지만 당시 상황을 보면 그렇지도 않습니다. 해방 직후 한반도에 있었던 자본이나 시설의 94퍼센트가 일본인이나 일본 제국주의 소유였으니까요. 그걸 돌려받겠다는 거예요. 당연하지 않습니까? 그럼 그걸 다시 친일파에게 줄까요? (웃음)

제헌헌법을 기초한 분이 유진오 박사입니다. 당시 헌법학자가 몇 명 안 됐죠. 이분이 만든 안을 두고 제헌 국회에서 심의하고 표결했습니다. 초대 법제처장을 지낸 유진오 박사는 직접 헌법 초안을 설명하는 『헌법해의』를 썼습니다. 저는 그 책을 읽다가 깜짝 놀랐어요.

책에 보면 "우리나라는 경제 문제에 있어서 개인주의적 자본주의 국가의 체제를 폐기하고 사회주의적 균등의 원리를 채택"한다고 되어 있거든요. 참 놀라운 얘기 아닙니까. 대한민국이 지향했던 나라가 이랬어요. 책에는 또 "정치적 민주주의와 경제적, 사회적 민주주의라는 일견 대립되는 두 주의가 한층 높은 단계에서 조화되고 융합되는 새로운 국가 형태를 실현함을 목표"했다고 적혀 있습니다.

'경제적 민주주의'라는 게 뭡니까? 2012년 대통령 선거 때 우리가 귀가 아프게 듣던 '경제 민주화' 아닙니까. 오늘날 중요한 원리들이 사

실은 그때 이미 제기되었던 거예요. '사회적 민주주의'란 바로 '헬조선', '흙수저'가 아닌 사회를 의미하는 거죠. 정치적 민주주의와 경제적, 사회적 민주주의가 조화를 이룬 민주주의가 바로 진보적 민주주의예요. 우리 제헌헌법이 진보적 민주주의 헌법인 거죠. 제헌헌법의 기본 정신은 임시정부 등 우리 독립운동 세력이 꿈꾸었던 새로운 사회의 모습을 충실히 구현하고 있습니다. 그런데 왜 제헌헌법이 추구한 가치들이 제대로 실현되지 못했을까요?

왜냐? 아까도 말씀드렸듯이 제국주의에 빌붙던 자들이 해방 후에도 계속 정권을 유지해요. 우리는 친일 청산에 실패했습니다. 그냥 실패한 게 아니라 거꾸로 친일파, 민족 반역자를 처단해야 한다고 주장하던 민족적 양심 세력이 청산당해요. 이를 상징적으로 보여 주는 사건이 '반민특위'*입니다.

청산당한 민족주의 양심 세력

저는 친일파도 웬만한 사람은 자신의 잘못을 인정하고 고백하면 다

---

* 반민족행위 특별조사위원회(反民族行爲特別調査委員會)의 약칭. 1948년 9월 7일 국권 강탈에 적극 협력한 자, 일제치하의 독립운동가나 그 가족을 악의로 살상·박해한 자 등을 처벌하고자 제정된 '반민족행위 처벌법'에 근거하여 만들어진 특별 위원회이다. 산하 조직인 특별 경찰대를 통해 다수의 부역자를 검거해서 재판에 회부했으나 일제 잔재 세력을 기반으로 한 이승만 정권에 의해 1949년 6월 6일 특별경찰대가 강제 해산당한 뒤, 무력화되고 말았다.

봐줘야 한다고 주장하는 사람입니다. 그렇지만, 저도 친일파 중에 절대로 용서 못 할 자가 있다고 생각합니다. 예컨대 독립운동 하는 사람을 밀고하고 체포하고 고문하고 학살한 자들, 그런 사람들까지 봐줄 순 없잖아요. 문제는 그런 이들이 해방 후 대한민국의 실권을 장악했다는 겁니다. 그들이 대한민국의 공안세력이 됐고 그들이 '빨갱이 잡는 애국자'를 자처한 거예요. 그자들이야말로 이근안** 같은 고문 경찰의 원조격이에요.

대표적인 인물이 노덕술입니다. 일제 강점기에 고등계 형사였던 이자는 정부 수립 후에 수도경찰청 수사과장이 됩니다. 악질 친일 경찰로 유명했던 자로 반민특위에 의해 체포돼요. 이승만이 '반공 투사'라고 풀어달라고 요청하지만 특위는 거절합니다. 결국 이승만 정권은 국회 프락치 사건을 조작합니다. 특위를 주도한 국회의원들을 남로당 프락치라는 이유로 체포합니다. 1949년 5월에서 6월 사이에 국회부의장을 비롯한 열댓 명의 국회의원들이 잡혀들어가요. 결국 특위는 해체됩니다. 노덕술도 풀려나죠. 그러고 나서 어떤 일이 벌어지느냐, 백범이 암살당해요.

이 세 가지 사건, 국회 프락치 사건, 반민특위 해산, 그리고 백범의

** 고문 기술자로 알려진 그는 1980년대에 경기도경 등에서 대공, 방첩 전문 수사를 맡았다. 수많은 야당 인사와 학생 운동가들을 불법 체포 구금하여 가혹하게 고문하는 등 악행을 일삼던 이근안은 군사 정권이 붕괴되자 10여 년간 도피 생활을 했다. 1999년 자수하여 구속·수감되었다가 2006년 출감, 이후 목사로 활동하였으나 자신의 고문 활동을 애국으로 미화하는 등 물의를 일으켜 대한예수교 장로회에서 목사 자격을 박탈한다.

▲ 1960년 6월 26일 열린 백범 김구 선생의 11주기 추도식.
1949년 이후 처음으로 효창공원에서 공식적으로 열렸다.

암살은 사실 하나의 사건입니다. 친일파 세력들이 민족적 양심을 가진
세력을 대한민국에서 몰아낸 사건이에요. 일종의 쿠데타인 셈입니다.
남한 단독정부로서의 대한민국을 세운 사람들이 다 친일파였던 것은
아니에요. 백범과 오랫동안 임시정부를 했던 분들 중에도 대한민국 정
부 수립에 적극 가담한 분들이 있었죠. 그런데 1949년 5월과 6월, 국
회 프락치 사건, 반민특위 해산, 그리고 백범의 암살을 거치면서 친일
파들이 실권을 장악합니다. 친일파 중에서도 가장 악질적인 반민족 행
위자들이 실권을 잡은 다음에 누구를 숙청했느냐, 좌익이 아니라 민족
적 양심을 가진 우익을 청산한 거예요. 우리나라가 이런 기막힌 꼴을
당했습니다.

백범을 암살한 사람이 누구입니까. 당시 육군 소위였던 안두희예요. 종신형을 선고받았다가 전쟁이 터지자 장교로 복귀합니다. 평생을 감옥에서 썩어도 시원치 않을 자가 풀려나서 잘 먹고 잘살아요. 승진해서 예편하고 나서 군납업을 해서 돈을 엄청나게 법니다. 어느 정도였냐면, 집에다가 큰 연못을 팠는데 이게 금붕어 키우는 연못이 아니고 배를 띄우는 연못이었다고 해요. 집안도 잘나갔습니다. 친동생이 1980년대에 8년 동안 연세대 총장을 지냈죠.

안두희는 친일 세력에게 영웅이었습니다. 그쪽 입장에서 백범 암살은 죄가 아니라 큰 공로를 세운 거예요. 눈엣가시였거든요. 우리가 지금 5만 원권 지폐를 쓰고 있지만 원래는 백범을 도안에 넣은 10만 원짜리도 만들려고 했습니다. 그런데 이명박 정권이 들어서서는 백지화했습니다. 지금도 한국의 지배층들은 대놓고 그렇다고 말은 못 해도 속으론 다들 백범을 싫어합니다.

반민특위 무산, 백범 암살과 친일 세력의 준동, 전쟁, 해방 후 우리의 역사는 이렇게 흘러갑니다.

역사는 진보하는가?

1972년 박정희가 유신을 선포하고 독재 체제를 강화하면서 사회의 병영 체제가 본격화됩니다. 교육이 여기에 앞장을 서지요.

우리나라의 근대식 교육 기관은 일본이 세운 겁니다. 애초에 학교가 전쟁과 결부되면서 많이 세워졌어요. 일제가 우리나라에 '국민학교'를 많이 세운 건 조선인을 전쟁에 동원해야 했기 때문입니다. 그래서 학교를 세워 일본 말도 가르치고 조직 생활을 시킵니다. 당시의 사진을 보면 학교가 딱 군대예요. 교사들이 칼을 차고 다닙니다. 전국에 국민학교를 세우고 일본어를 가르칩니다. 특히 1937년에 중일 전쟁이 일어나면서 이러한 현상이 가속화됩니다. 그러니까 1930년 전후에 태어난 사람부터 본격적으로 '군국 소년'으로 키워지는 겁니다. 이런 식으로 자라난 아이들이 황군 병사가 됩니다. 이런 군국 소년들에게 비행술을 가르쳐 비행기를 몰고 날아가 자폭하게 해요. 열대여섯 살 난 소년들이 그런 식으로 희생됩니다. 그러다 결국 일본은 전쟁에서 패하죠.

미국이 일본을 점령한 뒤 했던 게 바로 그러한 군국주의 교육 폐기였습니다. 교과서에서 전쟁을 찬양하는 부분을 먹으로 새까맣게 다 지웠어요. 과거의 흔적을 지우고 인권 교육, 평화 교육을 시켰습니다. 그래도 때가 안 빠져서 요즘 군국주의가 다시 부활한다고 하죠. 정치인들이 앞다퉈 야스쿠니 신사에 가고 망언도 하고, 이렇게 된 겁니다.

일제 교육 방식을 그대로 물려받은 우리는 어때요? 1970, 80년대까지 계속 가죠. 갈아치우려는 노력 자체를 한 적이 없어요. 우리는 군국 소년들 머리에서 군국주의 물을 빼는 작업을 해본 적이 없어요. 해방되고 혼란기를 겪다가 분단이 되고 전쟁이 터졌어요. 30년 전후로 태어나 군국주의 교육을 받고 자란 사람들이 15살 무렵에 해방을 맞고 서북청년단 같은 것을 하다가 20살에 또 전쟁을 치렀잖아요. 그나마 일본은 패망 후 평화 교육을 받았지만 우리는 '군국 소년'으로 길러진 사람들이 아무런 처방도 없이 한국 전쟁을 치릅니다. 참혹했던 전쟁이 끝나고 평상시로 돌아온 그들은 이제 '반공 청년'이 됩니다.

1958년, 당시 유력 정치인이던 조봉암과 진보당 간부들이 간첩죄로 기소됩니다. 이른바 '진보당 사건'이지요. 물론 조작이었습니다만, 이 때 1심에서 간첩죄는 무죄 판결을 받아요. 조봉암도 사형은 면하고 징역형만 받게 됩니다. 이들을 제거하려던 이승만 정권으로선 타격이었지요. 그러자 반공 청년단 청년들이 법원에 몰려 들어가 난동을 피웁니다. 결국 재판부는 최종심에서 모든 혐의를 인정하고 조봉암은 형장의 이슬로 사라집니다.

그러다가 박정희 시대가 열리면서 반공 청년들은 다시 '산업 역군'이 됩니다. "일하면서 싸우고 싸우면서 건설하자." 이렇게 된 거죠. 간간이 반공 이벤트에 동원되기도 하면서 말이죠. 그러다 전두환 정권을 보내고 1990년대 말에 어떻게 됩니까. 민주 정부가 들어서잖아요. 한동안 쉬시던 이분들이 또다시 거리로 나옵니다. 이제는 나이가 들어 '애국 할배'가 되어서 말이지요. 자기들이 세운 나라를 빨갱이들이 망친다면서 군복을 입고 피켓 시위를 합니다. 사회적으로 이슈화되는 사건이 생길 때마다 몰려다니면서 빨갱이를 몰아내자며 거품을 뭅니다. 일본 군국주의의 영향에서 아직도 못 벗어난 거예요. 지금까지 그렇게 살아온 겁니다. 군국 소년에서부터 반공 청년으로, 향토 예비군, 산업

역군에서 애국 할배의 첫 세대들은 일제가 키워 낸 군국 소년들이었죠. 우리 역사 속에서 이렇게 전쟁과 군국주의를 달고 사신 겁니다.

저도 애국 조회, 두발 검사, 교련, 집단 체조…, 이런 군국주의 교육을 받고 자랐어요. 여러분 부모 세대들은 아마 다들 기억하고 계실 겁니다. 이북도 사정은 크게 다르지 않습니다. 그나마 우리는 민주화를 겪으면서 군국주의 교육을 막아야 한다는 공감대가 형성되었지요. 하지만 이북은 이걸 더 끌고 가서 아예 거대한 '축제'로 만들었어요. 어마어마한 인원을 동원해서 매스게임하고 카드섹션을 합니다. 이거 맨정신으로 할 수 있겠어요? 남쪽에서는 박정희 정권 때 매스게임도 하고, 카드섹션도 하며 이북과 경쟁하다가 포기했어요. 그런데 남쪽이 이런 집단 체조를 완전히 포기한 게 아니더라고요. 세계 초일류 기업을 내세우는 삼성에서 북한의 아리랑 체조와 비슷한 집단 체조를 했단 말입니다. 2007년 6월에 삼성의 신입사원 연수 때 행한 매스게임 장면을 담은 동영상이 유출돼서 한동안 말이 많았습니다. 4000명 넘는 인원이 일사불란하게 움직이는 장면을 보면서 깜짝 놀랐죠. TV와 인터넷으로 이 장면을 본 사람들은 북한과 다를 바 없다고들 비아냥댔어요. 남과 북은 과연 한 형제라는 말도 나왔고, 삼성과 북한의 공통점은 세 가지 - 1) 자기네가 세계 최고라고 주장한다 2) 집단 체조를 한다 3) 3대 세습을 한다 - 라는 우스갯소리도 나왔습니다. 우리 사회 곳곳에 아직도 이런 군사주의 혹은 집단주의가 남아 있었던 겁니다.

1970년대에는 모든 국민의 일거수일투족이 '단속' 대상이었습니다.

그때만 해도 사람들이 참 착했어요. 고분고분했지요. 무단횡단하다 걸리면 길거리에 만든 '임시 감옥'에 가뒀어요. 지금 같으면 다들 도망갔겠죠. (웃음) 미니스커트, 장발도 단속했습니다. 길을 걷다가도 애국가가 나오면 멈춰 서서 가슴에 손을 얹어야 했어요. 극장에서도 애국가가 나오면 일어서야 했습니다. 이걸 어겼다가는 즉심에 회부되는 시대였습니다. 그런데 이때 군사 정권이 의도했던 게 무얼까 궁금하지 않으세요? 정말로 애국심 때문이었을까요? 길에서 갑자기 멈춰 서면 없던 애국심이 생깁니까? 머리를 짧게 깎으면 미풍양속이 살아나나요? 그건 온전히 국민을 '통제'하기 위한 것입니다. 우리의 신체를 통제하면 의식도 자연스레 국가의 손에 들어옵니다. 신체 통제는 그 효력이 강력해요. 의식적으로 거부하려고 해도 몸이 기억합니다. 제가 대한민국에서 박정희 유신 체제를 제일 많이 비판하는 사람입니다만, 제 몸은 여전히 유신 때 길들여진 대로 움직이고 있어요. 지금도 길 가다 애국가 소리 들리면 자연스럽게 '동작 그만'이 되면서 그쪽으로 몸이 돌아가요.

1970년대 박정희 정권은 문화도 통제했습니다. 금지곡이라는 게 있었지요. 나라에서 노래를 못 부르게 합니다. 대표적인 노래 하나를 꼽아보겠습니다. 양희은의 「아침이슬」(1970년)은 요즘도 널리 불리는 노래죠. "태양은 묘지 위에 붉게 타오르고…" 하는 부분이 문제가 됐어요. 군사 정권에서 '태양'은 '민족의 태양 김일성 장군'을, '묘지'는 '박정희의 이남'을 상징한다고 해석합니다. 그러면서 '붉게 타오르고' 이

건 '적화통일'이라고 합니다. 굉장한 상상력이죠? (웃음)

한대수의 「행복의 나라로」(1974년)도 금지곡이었습니다. 가사 중에 "나는 행복의 나라로 갈 테야" 하는 부분이 있는데 군사 정권이 보기에 이건 '월북 기도'를 암시합니다. 지금 상식으로는 이해가 가지 않는 황당한 사례는 이 밖에도 많습니다.

김지하의 시를 바탕으로 김민기가 작곡한 「금관의 예수」(1973년)에는 "오 주여 이제는 여기에 우리와 함께 하소서"라는 대목이 나옵니다. 이걸 두고 이남은 문제없으니 휴전선 넘어가서 대북 선교하라고 조롱하기도 했습니다. 이념 대립과 체제 경쟁이 극에 달했던 그런 시대였지요. 그런 숨 막히는 시절을 우리가 살아왔어요.

자, 이제 정리를 하겠습니다. "역사는 진보하는가?" 하는 질문을 던져 보지요.

프랑스는 혁명을 통해 공화제를 이뤘죠. 단두대에서 왕을 처형했습니다. 우리와는 스케일부터 다르죠. 그런데 그리고 나서 바로 민주주의가 정착됐나요? 아닙니다. 나폴레옹이 황제가 되면서 군주제로 돌아갑니다. 혁명이 있은 지 10년 만의 일이에요. 그런데 여기서 아이러니한게 나폴레옹이 공화정과 민주주의를 전 유럽에 전파하는 데 아주 중요한 역할을 한 사람이라는 거예요. 혁명 정부 때 나폴레옹은 아주 유능한 전투 지휘관이었습니다. 공화국 군대인 나폴레옹 군대가 잘 싸우다 보니까, 주변 나라에서 민주주의를 받아들일 수밖에 없었던 거예요. 역시 공화국의 군대가 다르구나, 부국강병을 하려면 민주주의 제도를 받아들일 수밖에 없구나 하고 생각합니다. 문제는 그러다가 나폴레옹의 조카인 나폴레옹 3세가 쿠데타로 정권을 잡고 나서 스스로 황제가 되었다는 거예요. 대혁명으로 공화정을 세운 시민들 입장에서는 그야말로 '멘붕'인 거죠. "역사는 두 번 되풀이된다"는 유명한 말이 있죠. 한 번은 비극으로 한 번은 희극으로. 당시 프랑스는 역사가 진보하다가 갑자기 왕정 복귀로 퇴보한 거죠. 하지만 결과적으로 어떻게 되었습니까. 프랑스는 물론이고 인류 역사에서 왕정은 사라집니다. 역사의 무게란 그래서 엄중한 것입니다.

역사는 길게 봐야 하는 거예요 한두 해 보면 역사는 퇴보하는 것처럼 보입니다. 그런데 길게 보면 어때요? 역사는 진보하고 있습니다.

역사라는 것이 꾸준히 진보하는 것은 아니에요. 진보하는 시기가 있습니다. 프랑스 혁명, 4월 혁명, 6월 항쟁 같은 시기가 역사의 새로운 시대를 연다고 할 만큼 급격히 변하는 시기지요. 이 짧은 시기를 제외하면, 역사의 대부분 시기는 잘해야 제자리걸음이고, 아마도 많은 경우 뒷걸음질치고 있을 거예요. 특히 우리 청소년들은 민주 정권이 개혁에 실패하고, 보수 정권이 들어서면서 세상이 나빠지는 것만 보았잖아요. 역사를 공부한다는 것은 조금 길게 큰 흐름을 보는 안목을 기르는 거예요. 120년 전 동학 농민군이 부르짖던 개혁안 중에서 지금 이루어지지 않은 것이 있나요? 동학 농민군이 꿈도 꾸지 못하던 세상이 이루어졌지요. 그러나 여전히 민중들의 삶은 고달파요. 지금 민중들의 삶이 고달픈 것은 민중들의 꿈과 기대치가 과거와는 비교할 수 없을

정도로 커졌기 때문일지도 모릅니다.

역사가 진보한다는 믿음을 갖는 것이 대단히 중요해요. 그래야 세상을 바꿀 수 있어요. 세상이 바뀌기 직전이 어땠는가 보세요. 해 뜨기 직전이 가장 추운 시간이잖아요. 4월 혁명 직전은 야권의 유력한 대통령 후보 세 분이 연달아 죽거나 죽임을 당한 절망적인 상황이었어요. 유신 정권을 무너뜨린 'YH 사건'이 있기 직전에는 한 학기 동안 대학가에 유신 체제에 반대하는 데모가 없을 정도로 고요했었어요. 6월 항쟁의 도화선이 된 박종철 열사가 고문치사 당할 무렵에는 전국의 재야 운동이 한 달 동안 실내에 100명이 모인 집회가 없을 정도로 침체되어 있었어요. 세상이 바뀌려면 이렇게 바뀝니다. 그 힘은 어디 딴 데에 있던 것이 아니에요. 우리 안에 흩어져 있었던 것이지요.

박근혜 정권이 역사 교과서를 국정으로 바꾸려는 이유도 여기 있어요. 세상이 진보한다는 믿음을 없애 버리려는 거예요. 세상이 바뀐다는 믿음을 가진 사람들은 세상을 더 빨리 더 많이 바꾸려고 할 것 아닙니까. "세상이 바뀌는 줄 알아? 처음부터 지금의 기득권 세력이 세상을 다스려 온 거야. 헛된 꿈 꾸지 말고 시키는 거나 잘하고 스펙이나 열심히 쌓아. 밥은 먹게 해 줄게." 이런 식으로 세상이 안 바뀐다는 잘못된 믿음을 우리 머릿속에 집어넣으려는 거예요.

역사를 바라보는 데 있어 우리에게 필요한 것은 좌절이 아니라 굳은 의지입니다. 그 의지, 어디에서 나옵니까. 바로 나 자신에 대한 믿음이지요. 내가 참여하면 역사가 바뀝니다. 내가 역사의 주인인 거예요. 역사는 그냥 책에서 읽고 남의 얘기 듣고 하는 것이 아니라 내가 뛰어들어서, 내가 살아가면서, 내가 만드는 거예요. 그게 진짜 역사입니다. 내가 살아온 나의 발자취, 나의 행적이 모여서 우리 시대의 역사가 만들어집니다. 여러분이 역사의 주인입니다. 역사가 특별한 것이 아니에요. 여러분이 오늘 보낸 하루가 바로 내일의 역사입니다.

지금 이 자리에 계신 여러분이 우리 세대 역사의 한 페이지를 쓰고 있는 겁니다. 여러분, 자부심을 가지고 역사의 주인으로 당당하게 우뚝 서시기를 바랍니다. 고맙습니다.